W0027879

Walter Lendl

Darum nerven Österreicher

Eichborn

Walter Lendl, geboren 1960 in der Steiermark, lebte lange in Wien und floh vor wenigen Jahren nach Berlin.

2 3 4 10 09 08

Umschlaggestaltung: Christina Hucke
Illustration/Objektgestaltung: Daniela Kirchlechner
Lektorat: Oliver Thomas Domzalski
Layout: Susanne Reeh
Satz: Fuldaer Verlagsanstalt, Fulda
Druck und Bindung: Clausen & Bosse, Leck
ISBN: 978-3-8218-4962-1

Eichborn Verlag, Kaiserstraße 66, D-60329 Frankfurt am Main
Mehr Informationen zu Büchern und Hörbüchern aus dem Eichborn Verlag finden Sie unter www.eichborn.de

Inhalt

Vorwort

An Österreich kommt man nicht vorbei. Den Österreichern entkommt man nicht.

Worauf der Einheimische stolz ist, das ist den Nachbarn ein Ärgernis: Österreich liegt mitten im Weg – wie ein Riegel trennt es Deutschland vom Mittelmeer. Wer an die Adria will oder nach Italien, der muss durch den Katschbergtunnel oder über die Brennerautobahn. Das kostet. Und dauert. Zwar nicht mehr so lange wie zu Zeiten des Königs Richard Löwenherz – der konnte Robin Hood bekanntlich nicht beistehen, weil österreichische Wegelagerer ihn in Dürnstein in der Wachau festhielten. Für die Reise ins ferne England und die Rückkehr mit dem Lösegeld brauchte der Bote seinerzeit ein paar Monate.

Aber ein wenig fühlt der sonnenhungrige Urlauber sich auch heute noch so wie der englische König, wenn er bei 34 Grad stundenlang in der prallen Sonne im Stau steht und dann seinen Tribut an die Betreibergesellschaft der österreichischen Autobahnen entrichten muss, um seine Reise in Richtung Strand unbeschwert fortsetzen zu können. Und das ist nicht alles. Auch wer auf seinem Sofa sitzenbleibt, entkommt den Ösis nicht: Wer hat »Wetten, dass ...?« erfunden? Wer präsentiert den »Musikantenstadl«? Wer hat RTL zum erfolgreichsten Privatsender in Deutschland gemacht? Und wer fragt uns: »Verstehen Sie Spaß?« Richtig: Alles Österreicher. Man entkommt ihnen einfach nicht.

HEIMAT UND IDENTITÄT

»Ce qui reste«

Die Österreicher sind stolz auf ihr Land - obwohl es früher größer und schöner war.

Die Schadenfreude der Ösis kennt keine Grenzen: Die Deutschen kommen zu ihnen zum Arbeiten. Zwar handelt es sich in der Hauptsache um schlecht bezahlte Angestellte und Azubis in der Tourismusbranche, während die besten Journalisten, Wissenschaftler und Manager immer noch den umgekehrten Weg gehen, doch das reicht als Genugtuung. Früher mussten schließlich ganze Jahrgänge von Österreichern ihr Ausbildungsgeld bei Mercedes am Fließband oder als Bedienung in den Münchner Kneipen verdienen - und jetzt vermittelt die Arbeitsagentur ganze Ortschaften aus Meckpomm nach Tirol, damit die Jungs sich am Schilift nützlich machen.

Mit dem Untergang der sozialistischen Staatenwelt hat der unaufhaltbare Aufstieg des österreichischen Selbstbewußtseins begonnen. Endlich ist er wieder wer, der Ösi. Vorbei sind die Zeiten als ewiger Zweiter, als kleiner Bruder der wirtschaftlich übermächtigen Bundesrepublik, der im Schatten der erfolgreichen Wirtschaftsmacht versuchte, das größtmögliche Kapital aus seiner Mittellage zu schlagen - etwa in Form dubioser Waffen- und Devisengeschäfte.

Auf den Wellen der Mobilfunkverbindungen reiten die Ösis in eine erfolgreiche Zukunft. Mittlerweile können sie allein durch das Versprechen, neue Flughäfen zu bauen, Aktienwerte in Milliardenhöhe schaffen. Geschickt haben sie es verstanden, ihre historischen Wurzeln in wirtschaftlichen Vorsprung zu verwandeln und die ewigen Diskussionen über die Identität des Landes ad acta zu legen. Aber mit was für einem Volksstamm haben wir es hier eigentlich zu tun?

Aus deutscher Sicht ist die Sache klar: Österreicher nerven, weil sie die unangenehmen Eigenschaften der Deutschen - Vereinsmeierei, Beamtenmentalität, Untertanengeist, Großmannssucht - ebenfalls haben, und weil ihnen die Tugenden der Deutschen - Fleiß, Effizienz, Pünktlichkeit, Verlässlichkeit, ein Minimum an Weltgewandtheit - fehlen.

Aber wir wollen, aus ethnologischem Interesse, einmal herausfinden, wie sich die Welt aus österreichischer Sicht darstellt.

Die österreichische Identität schwankt zwischen dem Sehnen nach vergangener imperialer Größe und der Idylle der dörflichen Gemeinde. Das Verhältnis zum Staat ist geprägt von dem Dilemma, dass man eigentlich seine Ruhe haben, gleichzeitig aber auch versorgt werden will. Die Monarchie ist die passende Regierungsform für diese Haltung, und Kaiser Franz Joseph I. war fast sieben Jahrzehnte lang (1848-1916) das ideale Staatsoberhaupt.

Sämtliche Gemälde und Fotos seiner Majestät haben eine eindeutige Botschaft: Dieser Herrscher ist das Sinnbild der Gemütlichkeit, der Garant der Tradition und ein meisterliches Vorbild für seine Untertanen. Der sympathische Habsburger mit dem Backenbart und der vergeistigten Sisi als Ehefrau verstand es, alle Krisen durch seine schiere Anwesenheit zu meistern und sich vom absoluten Herrscher zum konstitutionellen Oberhaupt des Staates zu entwickeln.

Die Republik (Deutsch-)Österreich entstand 1918 als Negativ-Produkt - als das, was übrigblieb, als die Völker des Habsburgerreiches ihre Nationalstaaten gründeten: »L'Autriche, c'est ce qui reste«, sagte der französische Ministerpräsident Clemenceau. In der Volksschule bekommen die Kinder anhand einer Landkarte der k.u.k.-Monarchie gezeigt, wie groß Österreich-Ungarn einst war. »Alles das gehörte zu uns«, sagt die Lehrerin: »Südtirol, Triest, die Untersteiermark, Krain, Kroatien und Slawonien, Bosnien und Herzegowina, Dalmatien, Ungarn und Siebenbürgen, Böhmen, Mähren, Südschlesien, Galizien und die Bukowina.« Und dann schaut sie ganz betrübt: »Und so sieht Österreich seit 1918 aus.« Das mickrige Land, dessen Form einem Schnitzel ähnelt, ist also das, was ihnen geblieben ist. Alles andere hat man ihnen genommen. Traurig.

Wie die anderen sie sehen

Die Österreicher werden beneidet – aber nicht ernstgenommen.

Österreich wird von seinen nördlichen und westlichen (reicheren) Nachbarn primär als Transit- und Urlaubsland wahrgenommen. Die abfällig als »Piefkes« bezeichneten Gäste aus dem Norden sind die nicht immer beliebtesten, aber bei weitem die zahlreichsten Gäste in den Tiroler Schihütten, an den Kärntner Seen oder in den Kulturpalästen der Hauptstadt. Das Image der Ösis bei den Deutschen wird daher vorwiegend von deren Urlaubserfahrungen geprägt: Österreich ist das schöne Alpenland mit den etwas zurückgebliebenen, aber ganz netten Leuten.

Hier fühlt man sich »nicht daheim und doch zu Hause« und atmet auf: »Endlich Österreich.« So formuliert es jedenfalls die Fremdenverkehrswerbung. Umfragen zufolge ist der typische Österreicher aus deutscher Sicht angeblich ein »geselliger, sympathischer, friedliebender, gescheiter Mensch, der sein Leben fröhlich, optimistisch und großzügig lebt«. Was die Phäaken den Griechen waren, sollen die Österreicher für die Deutschen sein: Angehörige eines sorglos lebenden, genussfreudigen Volkes auf einer »Insel der Seligen«. Künstler trifft man hier zuhauf; sportliche und politische Talente sind eher selten. Dafür jede Menge Schlawiner, die sich bemühen, ohne viel Anstrengung zu ihrem Vorteil zu kommen.

In letzter Zeit macht in den deutschen Medien die Geschichte von den Österreichern als den besseren Deutschen die Runde. Gemeint ist damit nicht, dass sie moralisch höher stünden, sondern dass sie wirtschaftlich erfolgreicher seien. In der Tat ist es Österreich gelungen, aus der Ostöffnung und dem EU-Beitritt einen immensen wirtschaftlichen Vorteil zu ziehen, der allerdings weniger im Gewerbefleiß seiner Einwohner als in der geografischen Lage des Landes begründet ist: Mehr als 1000 ausländische Tochterunternehmen koordinieren ihre Geschäftstätigkeiten in Mittel- und Osteuropa von Wien aus - darunter so illustre Firmen wie Coca Cola, Daimler Chrysler, McDonald's, IBM, Renault, Philips oder Shell.

Die Deutschen nehmen diese Entwicklungen staunend zur Kenntnis - war es doch bislang ausgemachte Sache, dass die Ösis bewundernd zum großen Bruder aufblickten. Und obwohl in Deutschland noch immer doppelt so viele Österreicher arbeiten wie umgekehrt, wird schon von einer Trendumkehr gesprochen: Das Tiroler Gastgewerbe rekrutiert sein Servicepersonal aus den sächsischen Filialen der Bundesagentur für Arbeit; Wiener Sortimentsbuchhandlungen greifen auf die gut ausgebildeten, aber arbeitslosen deutschen Fachkräfte zurück, und sogar Ingenieure und Wissenschaftler werden mit kulturellen Zusatzangeboten ins Land gelockt.

Trotzdem sind die alten Vorurteile nach wie vor prägend für den Umgang miteinander. So unterstellen die Deutschen den Österreichern generell und den Wienern im speziellen Schlamperei - eine gewisse Nachlassigkeit in den alltäglichen Verrichtungen oder der Ausführung von Arbeiten, gepaart mit der Unfähigkeit, etwas »richtig durchzuziehen«.

Ihren Ursprung hat diese Meinung in der Geschichte: Die österreichische Armee verlor alle gegen die Preußen geführten Kriege. Besonders die Schlacht von Königgrätz (Sadowa) 1866 ist ins gemeinsame Gedächtnis eingegangen - auf deutscher Seite als Beispiel für die Dummheit der Österreicher, die in ihren schmucken weißen Uniformen eine ideale Zielscheibe für die Kanonen der Preußen abgaben.

Und dann machten die Österreicher auch noch selbst Witze über die schmerzliche Niederlage: Sie erzählten die Anekdote vom Oberkommandierenden, der meinte, zu Hause auf der Schmelz (dem Wiener Truppenübungsplatz) habe es doch so gut funktioniert, aber in der Realität hätten sich die Feinde einfach nicht an den sorgsam ausgeklügelten Schlachtplan gehalten. Das war für die Preußen der endgültige Beweis dafür, dass die Österreicher einfach nicht ernstzunehmen seien.

Was diese wiederum nicht als Beleidigung empfinden, sondern ganz im Gegenteil als Vorteil sehen: Was Österreich macht, ist nicht interessant. Dies bestätigt die Frequenz, mit der das Land in den deutschen Nachrichtensendungen oder Zeitungen vorkommt: so gut wie gar nicht. Nur wenn es zu Eruptionen des hässlichen Volksempfindens kommt (Waldheim, Haider) oder es ein Seilbahnunglück gibt, wird über das Nachbarland berichtet - so wie über jedes andere europäische Land auch, wenn sich etwas ereignet, das den Redaktionen erwähnenswert erscheint.

Aber die Österreicher nutzen diese - gefühlte - Geringschätzung als Chance, im Hintergrund zu agieren. Unbehelligt von den großen Ereignissen, die Schlagzeilen produzieren, eröffnet sich ihnen ein gewaltiger Spielraum, um wirtschaftlich und kulturell erfolgreich zu sein. Und zumindest in der Außendarstellung sind sie tatsächlich sehr erfolgreich - oder kennen Sie einen Amerikaner, der daran zweifelt, dass Beethoven Österreicher war und Hitler Deutscher?

Wie sie die anderen sehen

Die Österreicher sind begabte Radfahrer:
Zu den Deutschen schauen sie auf,
auf alle anderen Nachbarn schauen sie herab.

Den Österreicher verbindet mit seinem großen Nachbarn eine Hassliebe, wie man sie sonst nur aus griechischen Tragödien kennt: Auf der einen Seite werden die Deutschen noch immer als besonders tüchtig eingeschätzt und wegen ihrer faktischen Wirtschaftsmacht gefürchtet. Auf der anderen Seite wird ein Misserfolg deutscher Fußballmannschaften bei internationalen Wettbewerben heftiger akklamiert als der (eher seltene) Erfolg österreichischer Teams. (→ »I wer narrisch!«, S. 144; »Verfreundete Nachbarn«, S. 199)

Mit ihren anderen Nachbarn haben die Österreicher weniger Probleme, auch wenn sie eine gemeinsame Geschichte verbindet. Die Tiroler haben zwar bis heute nicht verwunden, dass Italien sich nach dem Ersten Weltkrieg Südtirol angeeignet hat, aber mit dem Beitritt Österreichs zur EU haben sich die Beziehungen in dieser Region wieder entspannt, und durch die Beseitigung der Grenzübergänge zwischen den Schengen-Staaten wurde auch das »Heilige Land Tirol« wieder geeint.

Während sie in der Vergangenheit den Wiener Hof mit Komponisten, Schauspielern, Architekten und Eis versorgten, sind die Italiener inzwischen als Touristen überaus beliebt. Sie machen Graz zu einer dauerhaften Kulturhauptstadt, und bei den Salzburger Festspielen begegnet man ihnen auf Schritt und Tritt. Die Wiener Hotels sind zum Jahreswechsel über Jahrzehnte ausgebucht - fast hat es den Anschein, als sei der »Silvesterpfad« von einem italienischen Reiseveranstalter erfunden worden.

Und wenn der galante Verkäufer aus dem Souvenir-Shop sein breitestes Grinsen aufsetzt, dann ist es ihm wieder einmal gelungen, einer italienischen Mama die teuerste Brosche im Angebot zu verkaufen - und das, obwohl alle Beteiligten des Englischen kaum mächtig sind, von der jeweils anderen Muttersprache ganz zu schweigen.

Die Nord- und Osttiroler nehmen gerne einen Arzt jenseits der italienischen Grenze in Anspruch, weil die Tarife in Südtirol gute 40 % unter denen ihrer Heimat liegen. Im Osten Österreichs fährt man mit dem Bus nach Westungarn, wo die Zahnärzte dasselbe Material wie ihre österreichischen Kollegen zu einem Drittel des Preises verarbeiten. Gleich hinter der Grenze weisen mehrsprachige Schilder den Weg zu den Praxen, in denen Deutsch und Englisch gesprochen und jeder Patient freundlich empfangen wird.

Die Kontakte zu den Ungarn sind gut, man respektiert einander und profitiert von der Öffnung: Die Österreicher investieren und kaufen ein, die Ungarn eröffnen in Wien Läden mit Billigwaren und kauften über Jahre alle verfügbaren Handys und Gebrauchtwagen auf.

Auch die Beziehungen zu den Tschechen und Slowaken haben sich entspannt, seit das traditionelle »Wiener Hinterland« auch in der EU ist. Österreich versucht zwar, der Slowakei den Rang als Flat-Tax-Land Nr. 1 abzulaufen, doch lassen sich die Lohnkosten angesichts der doppelt so hohen Lebenshaltungskosten nicht auf das Niveau des östlichen Nachbarn absenken. Im Gegenzug haben sich österreichische Energieunternehmen, Banken und Versicherungen in vielen der ehemaligen »Kronländer« eine marktbeherrschende Stellung aufgebaut.

Slowenien ist ein aufstrebender Kleinstaat im Süden, dessen Unabhängigkeit von der österreichischen Regierung sofort heftig akklamiert und als Ende des jugoslawischen Staatengebildes gefeiert wurde. Das Musterland, das seit 2007 auch zur Eurozone gehört, kann sich zwar der immerwährenden Feindschaft der Kärntner Ewiggestrigen sicher sein, macht aber gleichzeitig mit dem slowenischsprachigen Süden des Landes sowie mit der Steiermark gute Geschäfte.

Die Schweizer und die Österreicher verbindet die Konkurrenz im Tourismus und in Sachen Bankgeheimnis. In beiden Geschäftsfeldern sind die Nachbarn im Vorteil – Österreich hat einfach nicht so viele Berge wie die

Schweiz, und das anonyme Sparbuch musste im Zuge der EU-Anpassung auch abgeschafft werden.

So bleibt nur die Überzeugung, in punkto Lässigkeit überlegen zu sein. Wie schrieb André Heller: »Die Schweizer lachen nicht viel und haben, glaube ich, keine Phantasie. Sonst wär nicht alles so sauber, dass man sich direkt schlecht vorkommt, wenn man nicht zehnmal am Tag die Hände wäscht. Fahnen schwingen können sie und sich sicher fühlen. ›Die haben noch im Rülpser eine Bügelfalte‹, hat der Papa gesagt.«

Wie sie sich selbst sehen

Die Österreicher leben gerne in ihrem Land - und verkaufen es mit einem Lächeln an die Touristen.

Österreich ist ein geradezu aufdringlich schönes Land - mit Almen, Seen, viel Natur und einer Menge Kultur. Als Gott es schuf, hatte sie eindeutig ihren Kitschtag. Die Berge sind für die Ösis Heimat, sie streifen gerne durch die Wälder und sind stolz auf ihren regionalen Dialekt - auch wenn dieser (in der Steiermark) nur aus Diphtongen statt Vokalen besteht oder man (in Tirol) einen Regenschirm braucht, um einer Gesichtswäsche zu entgehen. Denn zuerst und vor allem sind sie Tiroler, Oberösterreicher, Kärntner oder Steirer - wenn sie nicht in Wien wohnen.

Die Hauptstadt ist das Eldorado der Provinzflüchtlinge. Das Wienerlied, die Küche, die Kultur - alles erfunden und genährt von Einwanderern aus Böhmen, Mähren, der Bukowina und anderen entlegenen Gegenden der Monarchie - oftmals Juden, die den ärmlichen Verhältnissen zu entfliehen suchten, auf Glück und (religiöse) Freiheit in der Metropole hofften. Noch heute zieht die Großstadt die Jugend aus den Bundesländern magisch an, während die Alten auf den »Wasserkopf« schimpfen.

Die Natur ist dem Österreicher Identifikationsfaktor und Einkommensquelle zugleich: 98 % der Österreicher sehen die Berge als jenen Bestandteil des Landes, der die stärksten heimatlichen Gefühle weckt. Und ein Gutteil von ihnen lebt davon, die Touristen auf die Gipfel zu begleiten oder sie per Sessellift auf die Schipiste zu befördern. Im Sommer überquert er - gefolgt von fitnesswütigen Bürohengsten - mit dem Mountainbike die Alpen oder serviert der Businesslady einen Caipirinha im Wellness-Hotel am Wörthersee.

Jenseits der Berge finden wir die Kulturlandschaften: Stephansdom und Donauwalzer sind dem Österreicher genauso Heimat wie die »Kleine Nachtmusik« von Wolfgang Amadeus Mozart. Den »österreichischen Charme« wollen sich die Einheimischen jetzt als (immaterielles) Weltkulturerbe schützen lassen, und die Herablassung des Obers im Kaffeehaus erleben die Touristen als »Wiener Schmäh«. Das Neujahrskonzert ist vor allem ein touristisches Spektakel und bringt eine Menge Japaner ins Land. Für ein wenig Trinkgeld präsentiert der Österreicher die Schätze seiner Heimat, er fährt den zahlenden Gast im Fiaker um die Ringstraße und gibt Anekdoten vom Kaiser Franz Joseph selig und seiner Frau Sisi zum Besten.

Was bleibt ihm auch übrig? Der Fremdenverkehr ist der wichtigste Wirtschaftsfaktor; während die Deutschen wenigstens noch stolz auf ihre Autos sind, sind die österreichischen »Erfolgsprodukte« klebrige Getränke (Red Bull, Almdudler) oder nostalgische Naschereien (Sachertorte, Mozartkugeln); die Landwirtschaft hätte sich ohne die staatlichen Subventionen längst erledigt, obwohl hier prozentual dreimal so viele Leute davon leben wie in Deutschland. Dass die Alimentierung der bäuerlichen Bevölkerung von der Produktion entkoppelt und der EU-Bauer damit offiziell zum Landschaftspfleger in einer Art Disneyland befördert wurde, hat der österreichische Landwirtschaftskommissar Franz Fischler in Brüssel durchgesetzt.

»Heimat bist du stolzer Söhne«, heißt es in der Nationalhymne. Die Österreicher finden sich unwiderstehlich und verehren die Besten ihres Volkes - allerdings erst, wenn auch die ernstzunehmenden Völker ihnen Respekt zollen. Offenbar vertrauen die Österreicher ihrem eigenen Urteil nicht. Sie erkennen Leistungen ihrer Landsleute erst dann an, wenn diese im Ausland ihren Weg gemacht haben. (→ »Gschamster Diener, Herr Dokta!«, S. 36).

DIE ÖSTERREICHISCHE SEELE

Regionalisten mit typischem Nationalcharakter

Wer eine Reise quer durch die Alpenrepublik unternimmt, wird viel mehr Trennendes als Gemeinsames finden. Am auffallendsten sind die sprachlichen Unterschiede. Obwohl das Land von der Ausdehnung her kaum größer als Bayern ist und gerade einmal so viele Einwohner hat wie Niedersachsen, gibt es mindestens so viele Dialekte und historische Besonderheiten, auf die sich die Bewohner berufen, wie in der gesamten Bundesrepublik.

Die regionalen Besonderheiten ...

Der ***Vorarlberger*** ist der Streber schlechthin - in der Wiener Medien- und Kulturszene trifft man andauernd auf die Karrieristen aus dem »Ländle«, und in den Vorstandsetagen der Wirtschaft sind die Fast-Schweizer überproportional oft zu finden. Kein Wunder: Vorarlberg wurde mentalitätsmäßig und kulturell eher von der reformierten Schweiz als vom katholischen Österreich geprägt. Und der Vorarlberger muss sich seit Jahrhunderten gegen die reichen Nachbarn aus der Schweiz behaupten - oder sich in der fernen Hauptstadt bewähren.

Ein Vorarlberger bleibt nicht lange allein - er wird schnellstens versuchen, seine Freunde und Bekannten in die Firma zu schleusen oder mit ihnen gemeinsam ein neues Unternehmen zu gründen. Der Wiener *Falter*, die einzige ernstzunehmende Alternative auf dem monopolisierten österreichischen Zeitungsmarkt (→ »Kultur und Medien«, S. 157), befindet sich fest in der Hand von Vorarlbergern. Und Dutzende von Landsleuten haben sich hier ihre Sporen verdient und machen jetzt Karriere in den Verlagshäusern von Hamburg, Berlin und Zürich.

Die ***Tiroler***, bekannt als eigenbrötlerischer Volksstamm, der sich einst gegen Napoleon erhob, sind immer gut gelaunt, gut gebräunt und gut zu Fuß. Ihr liebster Aufenthaltsort ist der Berg - sei es zum Schifahren, Wandern oder Bergsteigen. Die jungen Eventmanager fahren ihn mit dem Snowboard hinunter, ältere Semester sitzen im Angesicht der Alpengipfel im Innsbrucker Restaurant und erzählen von früheren Zeiten, als sie die Berge noch mit Pickel und Seil bezwangen.

Die Tiroler leben vom Fremdenverkehr, arbeiten selbst allerdings nur in leitender Position für die Touristen. Die Drecksarbeit überlassen sie den Fremden – früher Italienern, Jugoslawen und Griechen, heute vor allem Sachsen. Außerdem müssen sich die »Nordtiroler« noch um ihre Verwandten südlich des Brenners kümmern, die nach dem Ersten Weltkrieg Italien einverleibt wurden.

Die ***Salzburger*** sind ein wenig verschlossener, aber auch herzlicher als ihre westlichen Nachbarn. Die Gäste kommen im Sommer genauso wie im Winter, die Abhängigkeit von ihnen ist nicht so groß. Dafür stehen immer mehr Angestellte in den Diensten eines Mannes, der in Salzburg ein Imperium von gewaltigen Ausmaßen errichtet hat: der Red-Bull-Besitzer Dietrich Mateschitz.

Aber ihre Bekanntheit in aller Welt verdanken die Salzburger – neben ihrer berühmtesten Tochter, der Mozartkugel – der kulturellen jüdischen Avantgarde des alten Europa. Max Reinhardt und Hugo von Hofmannsthal begründeten die Salzburger Festspiele, Stefan Zweig lud die berühmtesten Künstler aus aller Welt in sein Schlösschen auf dem Kapuzinerberg ein. Wiewohl ihre Vorfahren von den herrschenden Erzbischöfen ein ums andere Mal beraubt, verfolgt und wie Vieh behandelt wurden, haben sie den Ruf der Kulturmetropole begrundet und den

Grundstein für den Hype gelegt, der die Reichen und Schönen, die Kulturbeflissenen und die Gesellschaftsreporter alljährlich in die Stadt an der Salzach treibt.

Die ***Oberösterreicher*** sind wohl das wandlungsfähigste Völkchen auf österreichischem Boden: Obwohl das Land ein Viertel der heimischen Industrieprodukte herstellt, hat die Hauptstadt Linz - von Hitler als Heimat eines Industriekombinats von gigantischen Ausmaßen ausersehen - den Bogen von der Stahl- zur Kulturstadt elegant gemeistert. Die »ars electronica« hat sich - wenn man ehrlich ist: mangels Alternativen - den Ruf als weltweit führendes Avantgardefestival in Sachen Computerkunst und elektronische Musik gesichert.

Und weil die Oberösterreicher ein sehr kommunikationsfreudiger Stamm sind, haben sie es sogar geschafft, ihren Gewerbepark - denn mit Ausnahme des Salzkammerguts hat das Land landschaftlich echt nicht viel zu bieten - als Fremdenverkehrsidylle mit »Ferien auf dem Bauernhof« und allem Drum und Dran zu vermarkten: Naturschutzgebiete schießen wie Pilze aus dem Boden, künstliche Badeseen werden angelegt, jeder Ort hat einen Fremdenverkehrsverein und ein Heimatmuseum. Und die wenigen verbliebenen Bauern sorgen für die ländliche Idylle. Potemkin lässt grüßen.

Die ***Niederösterreicher*** haben sich in einem jahrzehntelangen zähen Akt der Selbstbehauptung vom Ruf, nur die Bewohner des Umlandes von Wien zu sein, befreit, indem sie sich eine eigene Hauptstadt (St. Pölten) erwählt und diese großzügig mit Theater, Oper, Museen und Fußgängerzonen ausgestattet haben. Die Wiener Kunstschaffenden begeben sich gerne dorthin, um die reichlich vorhandenen Subventionen einzusacken und ihre Produktionen später in Wien auf die Bühne zu bringen - damit sie auch von der Öffentlichkeit wahrgenommen werden.

Von den ***Wienern*** wird noch des öfteren die Rede sein - immerhin stellen die Bewohner der Hauptstadt mit fast 20 % der Einwohner die zahlenmäßig größte und kulturell dominierende Gruppe in Österreich. Der Großteil ihrer Landsleute lebt in Dörfern - es gibt überhaupt nur drei Städte, die diese Bezeichnung verdienen: Wien, Linz und Graz. Und so wie sich in Frankreich alles auf Paris konzentriert oder in England auf London, so ist in Österreich eben Wien der Nabel der Nation, manche sagen auch: der Wasserkopf.

Die ***Burgenländer*** sind Österreichs Ostfriesen. Wenige an der Zahl und erst 1918 zu Österreich gekommen, stehen sie immer noch im Ruf, minderbemittelt und des Deutschen nicht wirklich mächtig zu sein. Die Minderheitenrechte der hier wohnenden Kroaten, Ungarn und Roma sind zwar gesetzlich verbrieft, aber was hilft das im täglichen Leben? Wer Arbeit haben wollte, musste Deutsch lernen, und sei es radebrechend.

Fred Sinowatz ist der bekannteste Burgenländer. Mit Fleiß und Beharrlichkeit schaffte das Arbeiterkind in der SPÖ den Aufstieg bis an die Spitze des Staates, obwohl er nicht gerade ein »Blitzgneißer« war, wie der Österreicher sagt. Er hatte es auch wirklich schwer als Nachfolger des eloquenten, weltweit bekannten Bruno Kreisky. Nach ihm kamen die Manager Franz Vranitzky und Viktor Klima, die über die Geschäftsetagen der Banken zu politischen Entscheidungsträgern wurden.

Sinowatz aber konnte man später noch am Ostbahnhof treffen, wo er - längst in Pension - auf seinen Zug wartete. Ein wenig traurig stand er da, erschöpft von der aufregenden Großstadt und wollte nach Hause - so wie Tausende seiner Landsleute Tag für Tag nach erledigtem Job zurück aufs Land fahren, ins Burgenland.

Bleiben noch die Bewohner der südlichen Regionen Österreichs. Den ***Steirern*** wird eine gewisse Weinseligkeit und relative Weltoffenheit nachgesagt- was nicht nur am milderen, vom Mittelmeer beeinflussten Klima liegen kann, sondern wohl auch mit den Aktivitäten des Erzherzogs Johann zu tun hat. So wie Kaiser Joseph II. (von Österreich) war er ein Vertreter des aufgeklärten Absolutismus, der sein Land durch Handel und Bildung auf den Weg der Modernisierung brachte, obwohl die Umgangssprache eher an urzeitliche Laute erinnert - Linguisten sprechen vom »Bellen«. Denn der steirische Dialekt wird von Diphtongen geprägt. Reine Vokale sucht man ebenso vergeblich wie eine Möglichkeit zur Verständigung, wenn man einem Einheimischen begegnet, der keinen Gewinn darin sieht, sich der deutschen Hochsprache zu bedienen.

Über die eher hitzigen ***Kärntner*** sollte man nicht allzu viele Worte verlieren. Dass die deutschnationalen Chauvinisten im Wahn leben, einen ständigen »Abwehrkampf« gegen die slowenischsprachige Minderheit führen zu müssen, und dass die Kärntner Jörg Haider zu ihrem Landeshauptmann gewählt haben, sagt genug über ihre Mentalität aus, zumal es, wie seine Wiederwahl belegt, kein Ausrutscher war. Die in Braun gehaltene Landestracht und die alljährliche Feierstunde der Ewiggestrigen zur Sommersonnwende verursachen außenstehenden Beobachtern eine Gänsehaut und fügen sich nahtlos ins bekannte Bild.

Dennoch vermag der weiche und breite Ton (»Lei lossn« = Lass es gut sein) der Wirtsleute und Bademeister noch immer größere Gruppen alleinreisender weiblicher Sommergäste zu beeindrucken, die sich dann in einem Hotel am Wörthersee einmieten, um sich dort vom berühmtesten Sohn des Landes, Udo Jürgens, mit seiner samtweichen Stimme verzaubern zu lassen. Und die Natur hat das Land zwischen Steirischen Kalkalpen und Karawanken so überreich ausgestattet, dass einem das Herz aufgeht. Man könnte glatt vergessen, wie garstig die Einheimischen sind ...

... und ihre Seelenverwandschaft

Trotz allen augen- und ohrenfälligen regionalen Unterschieden gibt es Verhaltensmuster, die man an allen Österreichern beobachten kann, wenn man sich länger im Land aufhält - und erst recht, wenn man dort wohnt und arbeitet. Der Psychologe Erwin Ringel hat in einer Reihe von Vorträgen die tiefenpsychologischen Prägungen des Österreichers in Beziehung zu seiner Kultur gesetzt. »Die österreichische Seele«, erstmals 1984 erschienen, zählt zu den meistverkauften Büchern in Österreich und Ringel hat seine Thesen in zahllosen Interviews dargelegt - nur bewirkt hat es nichts: Noch immer findet man die Erkenntnisse des Psychoanalytikers auf Schritt und Tritt bestätigt.

»Die drei wichtigsten Erziehungsziele des Österreichers lauten: Gehorsam, Höflichkeit, Sparsamkeit - von da kommt die Bereitschaft des Österreichers zu ›devotem Dienen‹, mehr noch, zu ›vorauseilendem Gehorsam‹, d.h. Befehle, noch ehe sie ausgesprochen, zu erahnen und zu erfüllen - das Wort ›Glücklichsein‹ scheint gar nicht auf.«

Ringels Fazit: »Dieses Land ist eine Brutstätte der

Neurose.« Klar, Neurosen gibt es überall, aber »es gibt kaum ein Land, in dem sie so blühen wie in Österreich«. Mangelndes Selbstbewusstsein und autoritäre Fixierung erzeugen Menschen, die sich ungerecht behandelt fühlen, aber nicht aufbegehren, sondern den Frust in sich hineinfressen und sich angewöhnt haben, ihre Meinung und ihre Gefühle nicht zu äußern. Verspricht ihnen ein Rattenfänger den Ausgang aus der selbst verschuldeten Unmündigkeit, laufen sie ihm bereitwillig hinterher - egal, ob er Hitler, Kreisky oder Haider heißt.

So also erklärt sich der Erfolg populistischer Politiker in der Alpenrepublik: Es geht nicht wirklich um die Inhalte, die diese Führerfiguren vertreten, sondern um das Versprechen, das sie verkörpern. Ringel: »Der Österreicher ist durch nichts leichter zu fangen, als wenn man ihm sagt: ›Du bist ein ungerecht Behandelter, ein Getretener und Unterdrückter, ich aber werde kommen und Dich aus dieser Not und diesem Elend befreien.‹«

Innere Emigration

Die Österreicher sind kompromissbereit bis zur Selbstverleugnung. Oft führen sie – bewusst oder unbewusst – ein Doppelleben.

Durch ihr Bemühen, sich an die bestehenden Verhältnisse oder die vorherrschende Meinung bestmöglich anzupassen, um nur ja nicht aufzufallen oder sich gar ins Abseits zu manövrieren, sehen die Österreicher sich ständig genötigt, ihre Eigenheiten zu verbergen und nur in der sicheren Zurückgezogenheit des häuslichen Daseins ihr »wahres Ich« auszuleben.

Diese »innere Emigration« bei gleichzeitiger äußerer Konformität – übrigens ein typisches Phänomen katholischer Gesellschaften, die oft von Doppelmoral und Bigotterie geprägt sind – ist der in Österreich am weitesten verbreitete seelische Zustand; nicht selten treibt er Menschen, deren Fähigkeit zur Selbstverleugnung nicht so gut ausgebildet ist, in den Freitod. Es ist also nur folgerichtig, dass das erste Selbstmordverhütungszentrum der Welt in Wien entstand – Erwin Ringel schuf es als praktische Konsequenz aus seinen Analysen.

Wie immer, wenn wir die Gemütsverfassung des heutigen Österreichers beleuchten, führt uns die Frage nach den Ursachen in die Vergangenheit. Warum leiden die

Österreicher mehr noch als andere katholische Völker unter dem selbstverordneten Konformitätsdruck? Psychologen, Historiker, Soziologen und Literaten kommen bei ihren mit ganz unterschiedlichen Methoden betriebenen Forschungen und Analysen übereinstimmend zu dem Ergebnis, dass der Zwang zur Anpassung im Alpenland deswegen so groß ist, weil er über viele Generationen geübt und als Voraussetzung für die Akzeptanz im jeweiligen Milieu an die Kinder weitergegeben wurde.

Zur Zeit der Monarchie, als junge Tschechinnen als Dienstmädchen, ihre Brüder als Ziegelarbeiter und die Juden aus dem Schtetl, der jüdisch geprägten Kleinstadt in Polen oder der Bukowina, nach Wien kamen, gab es für sie nur eine Eintrittskarte in die Gesellschaft: die sprachliche und habituelle Anpassung an das Österreichische.

»So setzten sie sich die verordneten Masken auf und verdrängten mühsam ihre Kultur und Geschichte. Ihre Seele wurde ein Vielkammernsystem mit etlichen versperrten Türen, die doch immer wieder aufbrechen«, schreibt der Schriftsteller Peter Turrini; auch er verweist auf die extrem hohe Selbstmordrate. Sein Resümee: Die ständige Verdrängung führe dazu, dass »in Österreich im Beruf und in den Beziehungen ständig Theater gespielt wird.«

Diese Anpassungssucht unter größtmöglicher Fernhaltung der Realität aus der persönlichen Umgebung ist nun aber kein Spezifikum der »Fremden«. Die Zuwanderer haben sich lediglich einen Wesenszug der überwiegend katholischen Bevölkerung zu eigen gemacht, der noch früher in der Geschichte wurzelt. Der größte Teil des Landes war bereits protestantisch, als die Habsburger im 16. Jahrhundert die Jesuiten mit der Gegenreformation Salzburgs und Innerösterreichs beauftragten.

Etwa 100.000 reformierte Christen wurden aus dem Land vertrieben, die absolutistische Herrschaft der Habsburger strebte - in Ausdehnung wie in unterdrückerischer Präsenz - ihrem Höhepunkt entgegen. Die wiederbekehrten Gläubigen wurden mit prunkvollen Kathedralen »entschädigt«, der Barock mutierte zum Rokoko, der Grundstein für die Betonung des Repräsentativen war gelegt.

Die zweite Welle folgte im 19. Jahrhundert: Nach dem gescheiterten Feldzug Napoleons und der im Wiener Kongress besiegelten Restauration Europas (1815) errichtete Fürst Metternich ein autoritäres Regime, das jede Art von Opposition unnachgiebig verfolgte. Der Rückzug ins Private wurde in der nachfolgenden Epoche des »Biedermeier« zum Programm, auch in der Kunst.

Die idyllischen Landschaftsdarstellungen von Friedrich Georg Waldmüller sind typisch dafür, ebenso die Naturschilderungen von Adalbert Stifter und die märchenhaften Dramen von Ferdinand Raimund und Franz Grillparzer. Und auch das »Hinterfotzige«, das Ressentiment, das im Untergrund wuchert und das einem in Österreich oft ganz unerwartet begegnen kann, hat seine Wurzel in dieser Zeit - was offiziell verboten war, überlebte im Schrein der häuslichen Vorurteile.

Um Konflikte zu vermeiden und im Alltag keine Fehler zu machen, trennt der Österreicher streng zwischen seinem öffentlichem Auftreten und dem Privatleben. Deshalb ist es besonders wichtig, die Fassade zu wahren, das Protokoll einzuhalten, die Vorschriften zu befolgen. Kann man sie umgehen: umso besser. Aber deswegen muss man sie ja nicht grundsätzlich in Frage stellen.

Wer die Regeln akzeptiert, kann in seinen eigenen Wänden machen, was er will. Hier bestimmt er die Grenzen selbst - und dass er zumindest die des guten Geschmacks bisweilen deutlich überschreitet, kann man beinahe jeden Abend im österreichischen Fernsehen verfolgen. Während das Interesse der Deutschen an Swingerpartys im Ruhrgebiet und den sexuellen Perversionen der Lausitzer deutlich im Sinken begriffen ist, sind im staatlichen ORF Reportagen über die »Nackerten vom Gänsehäufl« oder die »B'soffenen vom Laaerberg« weiterhin äußerst beliebt.

Oft scheint den Autoren dieser Filme nicht klar zu

sein, dass sie die niedrigsten Instinkte der Zuschauer befriedigen - wie im Fall von Elisabeth Spiras »Alltagsgeschichten«: Hier agieren »ganz normale Menschen« vor der Kamera - ungeschminkt, wie man so sagt. Von der Autorin vor vielen Jahren als Milieuschilderungen angelegt, haben sich diese Produktionen im Zeitalter der Sensationen und Perversionen mehr und mehr verselbstständigt in dem Bestreben, die »Abgründe« in ganz gewöhnlichen Umgebungen wie dem Freibad oder der Kleingärtnerkolonie zu zeigen. Die Fernsehzuschauer ergötzen sich am Elend des Außenseiters, an den Perversionen des anderen - der in Wirklichkeit einer von ihnen ist.

Besonders erfolgreich sind die »Sozialpornos« von Ulrich Seidl - Dokumentarfilme über den garstigen Österreicher. Seidl lässt die Menschen einfach reden, ohne

Skript und ohne Scham. Und so erklären »wahre Männer« ihre Vorliebe für thailändische oder osteuropäische, auf jeden Fall aber »anpassungsfähige« Frauen. Junge Frauen stecken sich den Finger in den Hals, um nicht dick zu werden, während sich andere die Lippen aufspritzen lassen, um gut auszusehen.

Im Film »Tierische Liebe« zeigt Seidl Männer und Frauen mit ihren Lieblingen in allen möglichen und unmöglichen Lebenssituationen. Ob inszeniert oder nicht, es ist bestimmt ein Teil der Wahrheit, wenn ein Mann die Liebe zu seinem Hund vor der Kamera schildert und diesen schluchzend umarmt. Umso besser, wenn der Regisseur genau das sehen und hören wollte und sogar noch was dabei »rausspringt« - ab und an hat er seine Akteure wohl auch für ihre Statements bezahlt.

Eine Frau erzählt, während sie sich ihr Nachthemd anzieht und sich schminkt, dass ihr Schäferhund abends zu ihr ins Bett kommt und sie sich schon mit ihm zu vergnügen wisse. Zum Glück bleibt uns der Anblick des Begattungsversuchs erspart. Trotzdem stellt man sich die Frage, was noch so alles hinter den matt erleuchteten Fenstern der Nachbarhäuser passiert.

Seidl ist inzwischen dazu übergegangen, Spielfilme zu drehen, die sich demselben Themenkreis widmen: gelangweilten Typen, die ihre Freundinnen schlagen, trinken und sinnlos herumlungern, Auto fahren und mit ihren Hunden »Gassi gehen«, in scheußlichen Wohnungen mit anderen rotgesichtigen Männern Karten spielen und auf solariumgebräunte Frauen warten, die sie dann erniedrigen.

»Gschamster Diener, Herr Dokta!«

Die Österreicher haben Angst vor Autoritäten - aber keinerlei Respekt vor ihren Künstlern und Intellektuellen. Es sei denn, sie sind tot.

Bei gesellschaftlichen Ereignissen sind sie beliebt: die charmanten Österreicher, die immer freundlich und zuvorkommend sind, mit Komplimenten nicht sparen und sich niemals selbst in den Vordergrund rücken. In Wirklichkeit verhält es sich ganz anders: Nicht Respekt treibt sie an, sondern die Vorsicht. Besser gesagt: die blanke Angst, es sich mit jemandem zu verscherzen.

Deshalb sagt der Österreicher in der Öffentlichkeit auch nie, was er wirklich denkt. Schließlich könnte jemand anderer Meinung sein, von dem er sich noch ein Geschäft erwartet oder der ihm nützlich sein könnte. Ist er zum Abendessen eingeladen, so versucht er in kürzester Zeit herauszufinden, welche gesellschaftliche Stellung die Anwesenden innehaben. Ganz wichtig: Steht sein Gegenüber über oder unter ihm? Aufgrund dieser Einschätzung wird er sein Verhalten steuern. Er hat ein ausgeprägtes Faible für klare Strukturen, die Kategorien oben/unten und nützlich/unwichtig sind klar in seiner Gedankenwelt verankert. Wird ein neuer Kontakt geknüpft, so wird der Fremde in diesem Koordinatensystem erfasst und entsprechend behandelt.

Diese Sehnsucht nach Stabilität geht Hand in Hand mit der Vorstellung, dass früher alles besser, weil übersichtlicher gewesen sei. In der »guten, alten Kaiserzeit« gab es noch funktionierende Hierarchien, die jedem seinen Platz im sozialen Gefüge zuwiesen. Bis 1918 war der kaiserliche Hof für jede Form des Aufstiegs tonangebend. Um im Leben vorwärtszukommen, bedurfte es der Protektion, d.h. der Empfehlung eines höherstehenden Beamten. Im Grunde ihres Herzens sind die Österreicher noch immer überzeugte Monarchisten.

In dieser über Generationen tradierten Erfahrung der Abhängigkeit vom Gutdünken der Vorgesetzten gründet die Obsession der Österreicher für Titel und Anredeformen. Das »Habe die Ehre, Herr Geheimrat« hatte eine doppelte Funktion: den eigenen Status für die Anwesenden zu heben und der Person zu schmeicheln, auf deren Unterstützung man hoffte.

Obwohl die Adelstitel 1918 per Gesetz abgeschafft wurden, sind von den 19 Titeln, die es 1910 in der öffentlichen Verwaltung gab, nach wie vor 15 in Gebrauch.

Sogar die Chauffeure der heimischen Politiker erlangen einen eigenen Titel (»Fahrmeister«), wenn es Ihnen gelingt, einige Jahre unfallfrei ihre Arbeit zu verrichten. Aber nicht nur Beamte werden mit ihrem Titel angesprochen: Egal, ob Dr. phil. oder praktischer Arzt, das »Gschamster (gehorsamster) Diener, Herr Dokta« ist nicht ironisch gemeint; der Gymnasiallehrer wird allmorgendlich als »Herr Professor« begrüßt, wenn er seine Milch einkauft - und die Gattin (»Frau Dokta«) auch gleich mit. Sie mag zwar von Beruf nur Hausfrau sein, aber durch die Heirat hat sie den Titel erworben. Das ist in Österreich so üblich, und auch wer sich nicht geschmeichelt fühlt, gibt es trotzdem irgendwann auf, sich dagegen zu wehren.

Künstler oder Schriftsteller, die es wagen, Kritik an den Regierenden zu üben oder den überlieferten Lehrmeinungen eigene Vorschläge gegenüberzustellen, werden als Pinscher betrachtet, die den Mächtigen ungehörigerweise ans Bein pinkeln. Sie finden keine Gnade in den Augen der Mehrheit, die es vorzieht, ihre Meinung dem Kleinformat ihrer Wahl zu entnehmen. »Kommentare der Anderen« nennt die unter Intellektuellen beliebte Tageszeitung *Der Standard* die Seite, auf der die Glossen der notorischen Kritiker veröffentlicht werden. Es gibt eben die Richtigen, denen man glaubt und die verehrt werden, und die Anderen, die auch mal Dampf ablassen dürfen. Aber wen interessiert das schon?

Viele Künstler und Wissenschaftler, die weltberühmt und erfolgreich geworden sind, stammen aus dem Land an der Donau - die meisten von ihnen sind niemals zurückgekehrt. Denn im Land selbst wird der Regisseur, der das politische Geschehen kritisch kommentiert, als Nestbeschmutzer beschimpft; der Autor, der in seinen Dramen den latenten Antisemitismus geißelt, als Störenfried gebrandmarkt; der Künstler, der seine Körperlichkeit in Szene setzt, als Schmutzfink denunziert, und der Wissenschaftler, der mit den aktuellen Entwicklungen Schritt zu halten versucht, zum Naturzerstörer und Scharlatan erklärt und ins Exil getrieben.

Ist er allerdings im Ausland erfolgreich, so wird er zu Symposien eingeladen und als österreichischer *Opinion*

Leader von Weltrang begrüßt. Werden seine Bilder in New York ausgestellt oder gar bei Sotheby's verkauft, wird er zur Lichtgestalt der Kunstgeschichte, und bekommt ein Forscher eine Auszeichnung, so wird seine Herkunft betont und die baldige Rückkehr nach Österreich gefordert. Die einzige Tat allerdings, mit der ein Künstler, Literat oder Mathematiker die höchste Stufe erreichen kann - die Ernennung zum Propheten, die Verklärung zum Idol und schließlich die Einrichtung eines Ehrengrabs auf dem Zentralfriedhof -, ist es, zu sterben.

Das war schon immer so, und das wird sich wohl auch nicht so bald ändern. Die Liste derer, die im Land abgelehnt, denunziert, wenn nicht gar verfolgt und dann - posthum - geehrt wurden, ist lang und laufend zu ergänzen: Sigmund Freud, Gustav Mahler, Franz Werfel, Oskar Kokoschka, Arnold Schönberg, Elias Canetti, Thomas Bernhard. Nächste Anwärter sind beispielsweise Hermann Nitsch, Peter Handke, Alfred Hrdlicka und Elfriede Jelinek ...

Man muss sich immer wieder bewusst machen, welchen kulturellen Reichtum die Borniertheit der Österreicher aus dem Land vertrieben hat: Das Wien der Jahre vor dem Ersten Weltkrieg war ein Schmelztiegel neuer Ideen, es entstanden bahnbrechende künstlerische Arbeiten, die österreichischen Universitäten waren an revolutionären medizinischen Forschungen beteiligt, Sigmund Freud begründete die Psychoanalyse, die Wiener Werkstätten legten den Grundstein für das moderne Kunsthandwerk, die Maler Klimt, Schiele und Kokoschka bildeten die Speerspitze des Angriffs auf die versteinerten Akademien und gründeten die Secession.

Der Architekt Otto Wagner baute Bürgerhäuser an der Wienzeile, die Kirche am Steinhof, Stadtbahnstationen und die Postsparkasse - und Adolf Loos gelang es mit einem schmucklosen Haus am Michaelerplatz, den Kaiser persönlich zu erzürnen, weil dessen Bedürfnis nach Harmonie beim Blick aus der Hofburg durch dieses moderne Gebäude gestört wurde.

Einige der berühmtesten Filmregisseure und Drehbuchautoren sind in Wien aufgewachsen und haben dort ihr erstes Geld verdient - oft als Journalisten oder Kritiker: Billy Wilder, Georg Wilhelm Pabst, Otto Preminger, Joseph von Sternberg, Erich von Stroheim, Fred G. Ulmer oder Fred Zinnemann. Auch Michael Curtiz (»Casablanca«), als M. Kertesz in Budapest geboren, war als Drehbuchautor und Regisseur für die »Sascha-Film« des kinobegeisterten böhmischen Adeligen Kolowrat-Krakowsky in Wien tätig, bevor er sich in Richtung Amerika aufmachte.

Viele Schauspieler der damaligen Zeit tauchten später auf den Besetzungslisten der Hollywood-Produktionen auf - makabrerweise am häufigsten in der Rolle ihrer Peiniger, also als Nazi-Agent oder Wehrmachtsoffizier: Peter Lorre, Leon Askin, Oscar Homolka oder Adolf Wohlbrück wurden durch die authentische Darstellung von Nazi-Schergen bekannt. In ihre Heimat kehrten sie nie mehr zurück.

Doch die kulturelle Blüte der Jahrhundertwende in Wien war nur die eine Seite der Medaille - die Kehrseite war der Wahn einer jüdischen Weltverschwörung, der vor allem von den Groß- und Alldeutschen Politikern der Habsburgermonarchie, allen voran Georg von Schönerer, propagiert wurde. Auch der Populist Karl Lueger scheute sich nicht, die antijüdische Stimmung in der Bevölkerung für seine Zwecke zu nutzen und auf dieser Welle ins Wiener Bürgermeisteramt zu reiten. Noch heute wird sein Name in der Stadt hochgehalten - in Form des Dr.-Karl-Lueger-Platzes, direkt an der Ringstraße.

Besagter Schönerer übrigens wurde zum großen Vorbild fur einen von der Wiener Akademie der Bildenden Künste abgelehnten Maler namens Schicklgruber aus Braunau am Inn, der von Dezember 1909 bis Mai 1913 im (noch immer existierenden) Männerwohnheim in der Meldemannstraße im 20. Wiener Gemeindebezirk zusammen mit anderen Obdachlosen und Ausgestoßenen ein Zuhause fand.

»In dieser Zeit bildete sich in mir ein Weltbild und eine Weltanschauung, die zum granitenen Fundament meines derzeitigen Handelns wurde«, schrieb er später in seinem Pamphlet »Mein Kampf«. Seine »rücksichtslose Härte, Grausamkeit und Bösartigkeit gegen andere gehen auf die Wiener Jahre zurück«, sollte ein Biograf Hitlers später schreiben.

Und während die Welt auf die künstlerischen und wissenschaftlichen Errungenschaften der Wiener Szene blickte, schauten die Österreicher bestenfalls weg. Immer öfter aber neideten sie den Intellektuellen ihren Erfolg und beharrten auf ihren Vorurteilen. Sigmund Freud (1914): »Die Stadt Wien hat aber auch alles dazu getan, um ihren Anteil an der Entstehung der Psychoanalyse zu verleugnen. An keinem anderen Ort ist die feindselige Indifferenz der gelehrten und gebildeten Kreise dem Analytiker so deutlich verspürbar wie gerade in Wien.«

Anfang der 1920er-Jahre erfolgte der erste Aderlass: Viele Journalisten, Filmemacher und Schriftsteller wanderten mangels Aufträgen nach Berlin aus. 1934 verließen alle, die sich nicht in den katholischen, intellektuellenfeindlichen Ständestaat integrieren lassen wollten, das Land, und 1938 wurden diejenigen, die noch nicht freiwillig gegangen waren, von den Nazis vertrieben oder inhaftiert und häufig ermordet.

Von dieser Vernichtung der Intelligenz hat sich das Land niemals wieder erholt. Die Kleinbürger - und vor allem die Beamten - haben die Macht übernommen und die Posten an den Universitäten und in der Politik besetzt. Über Jahrzehnte wurde jeder noch so zarte Versuch der Modernisierung in der Kunst, den Wissenschaften und im gesellschaftlichen Leben im Keim erstickt.

Ein typisches Beispiel für den Siegeszug der Konservativen nach dem Krieg war der Skandal um Bertolt Brecht. Der Dramatiker, seit 1933 staatenlos und nach seiner Einvernahme durch den »Ausschuss für unamerikanische Umtriebe« aus den USA in die Schweiz übersiedelt, hatte sich 1948 an den Komponisten Gottfried von Einem gewandt, um einen österreichischen Pass zu bekommen. Ohne Papiere konnte Brecht nämlich weder auf Dauer in der Schweiz bleiben noch in eine der deutschen Besatzungszonen einreisen. Einem setzte sich dafür ein - er wollte Brecht für die Salzburger Festspiele gewinnen und ihn in seine Strategie der Erneuerung einbinden.

Und tatsächlich wurde Brecht 1950 österreichischer Staatsbürger. Als dies in der Öffentlichkeit bekannt wurde, tobe die chronisch reaktionäre Wiener Presse: »Kulturbolschewistische Atombombe auf Österreich abgeworfen« und »Wer schmuggelte das Kommunistenpferd in das deutsche Rom?« Josef Klaus, ÖVP-Landeshauptmann (und später Bundeskanzler), warf Brechts Fürsprecher Gottfried von Einem aus dem Festspieldirektorium. Brecht blieb zwar formell Österreicher, hielt sich aber fern. Sein für Salzburg als »Jedermann«-Ersatz vorgesehener »Totentanz« blieb Fragment.

Bis 1998 wurde keines seiner Stücke in Salzburg aufgeführt, auch im Rest des Landes wurde er von allen großen Bühnen boykottiert. Wesentlicher Motor hinter der Kampagne gegen Brecht waren zwei Männer: der Theaterkritiker Hans Weigel und Friedrich Torberg. Als Schriftsteller geachtet (»Der Schüler Gerber«, » Tante Jolesch«), gebärdete sich Letzterer in seiner »Nebentätigkeit« als Kommentator des Zeitgeschehens bis in die 70er-Jahre als österreichischer McCarthy und ritt in der von ihm herausgegebenen Zeitschrift FORVM wilde Attacken gegen alle Kollegen, die sich links der alles umfassenden Mitte - zu der nun auch wieder die ehemaligen Nationalsozialisten zählten - positionierten.

Die österreichische Sektion des internationalen Autorenverbands PEN war noch bis in die 80er-Jahre eine Trutzburg des Konservativismus. Nur Altadlige und christlich orientierte Schriftsteller fanden sich hier repräsentiert.

Während die 60er-Jahre in Deutschland für frischen Wind unter den Talaren sorgten, wurden Österreichs rebellische Schriftsteller, Künstler und Wissenschaftler weiterhin aus dem Land vertrieben oder ignoriert. Bis Bruno Kreisky in alter österreichischer Manier - und im Geiste des aufgeklärten Monarchen Joseph II. - diejenigen Intellektuellen, die ihm bei seinem Plan zur Modernisierung des Landes nützlich waren, in sein »Zukunftsteam« einlud und für seine Zwecke instrumentalisierte: für die Schaffung einer modernen Dienstleistungsgesellschaft, die gut ausgebildete junge Arbeitskräfte braucht.

Obwohl die großen Erneuerer der deutschsprachigen Literatur wie Ingeborg Bachmann, Konrad Bayer, Gerhard Rühm, Ernst Jandl und Oswald Wiener sämtlich Österreicher waren, gingen sie in die Annalen der Literaturgeschichte als deutsche Dichter ein. Und das liegt nicht nur daran, dass das deutsche Publikum so viel größer ist, sondern auch an den Verlegern aus Deutschland, die ihre Romane, Gedichte und Erzählungen publizierten - und an der öffentlichen Wahrnehmung, die in der (österreichischen) Heimat gleich null war.

Die feindselige Einstellung gegenüber Intellektuellen und Künstlern ist bis heute spürbar. Wer sich dem Eventmarketing entzieht und dem kulturellen Grundkonsens, der von der Vermarktbarkeit geprägt ist, nicht unterordnet, hat kaum Chancen auf Erfolg. Und er macht sich schnell Feinde. Der Exodus von Wissenschaftlern hält nach wie vor an, weil Österreich seinen Akademikern zu wenig Aufstiegs- und Forschungsmöglichkeiten bietet und eine akademische Karriere im Ausland erstrebenswerter und finanziell attraktiver ist.

Wer im Journalismus Karriere machen will, wandert nach seinem Volontariat am besten gleich nach München, Hamburg oder Frankfurt aus - denn abgesehen von den mangelnden Aufstiegsmöglichkeiten wird die gesamte Medienszene von zwei Konzernen beherrscht:

dem staatlichen Rundfunk-Fernsehen (ORF) und dem Mediaprint-News-Imperium, in dem die zwei größten Tageszeitungen und die auflagenstärksten Magazine erscheinen.

Typisch für die verkorkste österreichische Gesellschaft des 21. Jahrhunderts ist es, dass es im Land von Sigmund Freud keine psychotherapeutische Behandlung auf Krankenschein gibt - und dass die Stadt Wien vor einiger Zeit erklärt hat, für das Freud-Museum kein Geld mehr aufbringen zu können. Der Großteil von Freuds Mobiliar befinde sich ohnehin in einem Haus in London - da solle das Museum doch dorthin umziehen.

Vielleicht wäre es den Österreichern mit diesem Coup gelungen, die Geister, die der Mann einst rief, ganz wieder loszuwerden und sich in einer grandiosen Volte ins 19. Jahrhundert zurückzukatapultieren - dann hätte der geistige Zustand die perfekte Harmonie mit der Gründerzeitarchitektur der Wiener Innenstadt erreicht.

Aber in den Zeiten des Kulturmarketings hat wenigstens der Fremdenverkehr ein Interesse an markentypischen Vorzeigeobjekten. Und was wäre Wien ohne Freud? Eine Stadt ohne Profil - zumindest für viele Touristen, die den Flair der vorigen Jahrhundertwende möglichst hautnah erleben möchten. Also wurden der privaten Stiftung, die das Erbe der jüngsten Tochter Anna Freud verwaltet, auch die Räume im Mezzanin des Hauses in der Berggasse 19 überlassen, in denen der Erfinder der Psychoanalyse einst wohnte und arbeitete.

Die sahen immer noch genau so aus wie vor 70 Jahren, als die damaligen Bewohner vertrieben wurden - und weil das so pittoresk ist, hat man sie so belassen. Ist ja auch nichts weiter passiert in der Zwischenzeit.

Kostenvermeidung im Förderungsparadies

Die Österreicher verstehen es zu leben – am liebsten auf Kosten anderer.

Wir stellen vor: den ungeschlagenen Weltmeister der staatlichen Förderung und der privaten Kostenvermeidung. Böse Zungen behaupten, Österreicher seien noch geiziger als Schwaben, aber das ist eine Unterstellung. Sie verstehen es eben, sich möglichst kostengünstig durchs Leben zu schlagen. Wenn man es recht betrachtet, handelt es sich dabei um ein Modell mit Zukunft: Da es in der EU in absehbarer Zeit immer weniger Arbeit geben wird, sind Menschen, die - auf niedrigem Niveau überlebensfähig gehalten durch staatliche Unterstützung - lieber auf der faulen Haut liegen, als in den Wettstreit um die wenigen vorhandenen Arbeitsplätze zu treten, ein recht angenehmes Wählervolk.

Der Fremde, insbesondere der Deutsche, den es aus beruflichen Gründen nach Österreich verschlägt, ist oftmals verwundert, wie der Einheimische so gut leben kann: Die Mieten sind - zumindest in den Städten - genauso hoch oder noch höher als in Deutschland, die Lebensmittelpreise auf dem Niveau von München, »Luxusgüter« wie elektronische Geräte um einiges teurer. Was der Zugewanderte nicht sieht, sind die »Hintertürl«, die es allenthalben gibt: die Untermiete, den Zuschuss, die Förderung, das Sparbuch der Oma ... Weil er fremd ist, hat er keine Ahnung von dem System gegenseitiger Bevorteilung und zahlt Länge mal Breite, was gefordert wird. Der Österreicher hingegen findet immer einen Weg, »billiger davonzukommen«.

In der Kunst der Kostenreduzierung nimmt die Organisation billigen Wohnraums eine zentrale Stellung ein. Die Stadt Wien ist der größte Wohnungseigentümer in Österreich - eine Hinterlassenschaft des »Roten Wien«: In den 20er-Jahren des vorigen Jahrhunderts schufen die Sozialdemokraten eine Vielzahl öffentlicher Einrichtungen, die der Arbeiterschaft zugute kommen sollten. Der soziale Wohnungsbau war die wichtigste Errungenschaft dieser Zeit, aber auch Schwimmbäder, Schrebergärten und Kultureinrichtungen entstanden.

Die Stadtverwaltung vergibt ihre Wohnungen wie einst die DDR die Trabant-Autos, also nach für den Antragsteller unergründlichen Kriterien. Es gibt lange Wartelisten, aber es lohnt sich trotzdem, (frühzeitig) ein Ansuchen einzureichen: Wer eine Gemeindebauwohnung sein Eigen nennt, lebt zu günstigen Konditionen in meist angenehmer Umgebung. Mittlerweile können die Mieter ihre Apartments auch kaufen und so in den Besitz von staatlich gefördertem Wohnungseigentum in guten Stadtlagen gelangen.

Noch besser ist es, wie immer in Österreich, über die richtigen »Kontakte« zu verfügen - dann geht es auch mit der Wohnung viel schneller. Nicht wer am meisten leistet, sondern wer wen kennt, ist erfolgreich: Das gilt für die Jobvergabe ebenso wie für die Wohnraumverteilung. Egal ob Schrebergarten oder Hauptmietwohnung, Gemeindebau- oder Dachgeschosswohnung - lukrative Objekte werden in direkter Linie an die Nachkommenschaft vererbt und niemals an den Eigentümer zurückgegeben oder verkauft.

Es ist praktisch unmöglich, in Wien eine der wunderbaren Altbauwohnungen mit Parkettboden, Flügeltüren und 4 Metern Raumhöhe in Hauptmiete zu bekommen - jedenfalls nicht zu einem Preis, den sich der mittlere Angestellte leisten kann. Der Teil der Wohnungen im 1. Bezirk, der nicht von öffentlichen Einrichtungen, Adeligen oder Banken belegt ist, dient den Rechtsanwälten und Privatärzten als Praxis bzw. Büro - inklusive das Recht, die Kosten des als Gewerbedomizil missbrauchten kostbaren Wohnraums voll von der Steuer abzusetzen.

Und wer vor dem großen Wien-Boom - verursacht durch die Öffnung des Eisernen Vorhangs - eine Altbauwohnung in den umliegenden Bezirken gemietet und selbst renoviert hat, bleibt offiziell bis in alle Ewigkeit dort wohnen - es würde doch nur der Vermieter davon profitieren, wenn er auszöge. Daher wird der größte Teil der Wiener Altbauwohnungen nur untervermietet. Obwohl der Hauptmieter schon lange im Ausland oder mit Frau und Kind woanders lebt, ist er nach wie vor dort gemeldet und vermietet die Wohnung kurzfristig an Studenten, Singles oder Ausländer unter - mit respektablem Aufschlag und dem Vorteil, dass die Miete nicht erhöht werden kann. Wer allerdings in eine neu renovierte Wohnung einzieht, zahlt den ortsüblichen Preis, der um ein Vielfaches höher ist. So bezahlen die Neuankömmlinge die Erhaltung der Häuser, während die »Alteingesessenen« Gewinn machen. Kein Wunder also, dass die Neu-Wiener bisweilen genervt sind, wenn sie von ihren Nachbarn erfahren, was die für ihre Beletage zahlen.

Wirklich zum Wahnsinn treiben können einen allerdings die Ösi-Künstler, die grundsätzlich nichts tun, wenn sie keine Subventionen bekommen. Projekte werden geplant, Konzepte erstellt, Ansuchen eingereicht, die Bewilligung der Gelder abgewartet. Und erst, wenn der Eingang auf dem Konto bestätigt ist, fangen sie an, sich mit den Inhalten ihrer Arbeit zu beschäftigen. Kein Land der Welt verfügt über ein so eng geknüpftes Netz an Kultursubventionen wie Österreich. Es wird einem wirklich schwerfallen, einen Bereich der künstlerischen Betätigung zu finden, der nicht vom Staat gefördert wird.

Kein Film entsteht in Österreich ohne Subventionen, nicht einmal der kleinste, total unabhängige, künstlerisch überaus wertvolle Kurzfilm. Es gibt Geld für jede Art von Produktion, sei es eine Dokumentation über das geschlechtsspezifische Rollenverhalten von Pinguinen im Zoo, eine Installation mit Videoschnipseln, die an eine gekalkte Wand projiziert werden, oder ein Kurzspielfilm, der sich mit dem schwierigen Erbe der Donaukapitäne nach der Abschaffung der österreichischen Marine im Jahre 1918 auseinandersetzt.

Und es gibt ein paar Dutzend Institutionen, Firmen und Vereine, die die entsprechenden Subventionsgelder verwalten. Auch die sogenannten Filmproduzenten sind lediglich Geldverwalter und tragen keinerlei finanzielles Risiko. Selbst bei Spielfilmproduktionen, die international vermarktet werden, verwalten sie lediglich das Budget, das zu 100 % aus Fördermitteln von Filminstitut, staatlichem Fernsehen und Ministerien besteht - nicht ohne einen stattlichen Anteil für ihre eigenen »Aufwendungen« abzuzweigen.

Der Subventionskuchen wird Jahr für Jahr auf die Handvoll Firmen aufgeteilt, die das immer gleiche Repertoire an Filmen produzieren: eine Komödie mit einem bekannten Kabarettisten in der Hauptrolle, einen Dokumentarfilm über eine »österreichische Institution« - natürlich aus einem ungewöhnlichen Blickwinkel, einen »gesellschaftskritischen Film« mit einem bekannten Schauspieler und einen historischen Film (am besten basierend auf einer Novelle von Arthur Schnitzler).

Ankündigen und nichts tun

Die Österreicher sind großartig -
im Schmieden hochfliegender Pläne.
Hier liegt ihre wahre Meisterschaft -
nicht in der Durchführung.

Wer in der Kneipe sitzt und lauscht, was am Nebentisch gesprochen wird, kann schnell zu der Überzeugung gelangen, dass der »Spirit of Free Enterprise« hier zu Hause ist. In Wirklichkeit aber handelt es sich eher um den Geist aus der Flasche. In angeheitertem Zustand haben alle Österreicher Ideen sonder Zahl, wie sie wahnsinnig viel Geld verdienen könnten. Dass es ihnen nur in Ausnahmefällen gelingt, liegt vor allem daran, dass sie sich am nächsten Morgen ungeachtet ihrer hochfliegenden Pläne bereitwillig zurück in die Obhut der Festanstellung begeben - und ihren Schreibtisch abends entnervt von der Ödnis des Angestelltendaseins wieder verlassen, um beim Bier die nächsten lukrativen Unternehmungen zu besprechen ... ein ewiger Kreislauf von Euphorie, Ernüchterung und Frustration.

Der Österreicher macht Pläne für die Zukunft - er wird das Projekt auf die Beine stellen, wenn die Voraussetzungen stimmen, das nötige Geld vorhanden ist, wenn man sich geeinigt hat, die Fördergelder gebongt und die Partner überzeugt sind - oder wenn sich einfach die Welt langsamer dreht. »Planen, organisieren, durchführen« mag die Maxime anderer sein, der Österreicher lehnt sich zurück und spinnt in seinem Kopf Projekte und Expansionsschübe, wägt die Vor- und Nachteile ab - und verschiebt die ganze Unternehmung auf ein anderes Mal.

Trifft nun ein Deutscher auf einen - wie er meint - unternehmungslustigen Österreicher und plant, mit ihm gemeinsam Geschäfte zu machen, kann dies schwerwiegende Folgen haben. Während der Deutsche gewohnt ist, konkret und zeitnah zu planen und die sofortige Realisierung voranzutreiben, denkt der Österreicher in langen Zyklen, an deren Ende er von der Umsetzung der hochtrabenden Ideen genauso weit entfernt ist wie am Beginn.

Nach dem Motto »Schau'n ma amol« beobachtet er den Tatendrang des anderen, bauscht Schwierigkeiten zu unüberwindlichen Hindernissen auf und wusste, wenn das Projekt scheitert, immer schon vorher, dass es eine »Schnapsidee« war. Geht hingegen - ohne sein Zutun - alles glatt über die Bühne, nimmt er gerne seinen Anteil am Erfolg in Anspruch. Auf jeden Fall aber wird er nichts zum Gelingen der Unternehmung beitragen. Das alles geschieht nicht einmal in böser Absicht - es ist einfach sein Charakter, den Dingen ihren Lauf zu lassen und abzuwarten.

Dies sollte sich vor Augen führen, wer immer auch vorhat, seine Fühler nach Österreich auszustrecken - was angesichts der günstigen geografischen Lage und der historischen Verbindungen zu den osteuropäischen Nachbarn ja durchaus interessant sein kann.

Ein typisches deutsch-österreichisches Joint Venture beginnt stets sehr vielversprechend: Der Deutsche - nennen wir ihn Andreas - frischt seine Kontakte zu seinem alten österreichischen Kumpel Jakob auf; es geht um die gemeinsame Betreuung internationaler Kunden. Man trifft sich in Berlin und Wien, sucht und findet einen Namen. Nach etwa einem Jahr - die Entfernung zwischen den Städten sei ja »nicht zu unterschätzen« - gibt es immerhin Visitenkarten, Briefpapier und Pläne für eine Homepage. Dann ist Sendepause. Andreas hört zwei Monate lang nichts von seinem Wiener Kollegen. Entschuldigungen murmelnd (von massiver Arbeitsüberlastung und einer Grippe war die Rede), verspricht dieser Besserung - um sofort wieder für einige Wochen abzutauchen. Niemand geht ans Telefon, E-Mails werden nicht beantwortet, Andreas ist verzweifelt. Und wirft an diesem Punkt denn auch das Handtuch.

So gut wie allen Deutschen, die längere Zeit in Österreich gelebt haben, ist Ähnliches widerfahren: Die freundlichen Versprechungen, wenn man neu in der

Stadt ist, das allseits bekundete Interesse, die Vorschläge für gemeinsame Unternehmungen, egal ob es sich um Wochenendausflüge oder Geschäftsideen handelt - all das löst sich binnen kürzester Zeit in Luft auf, wenn man konkrete Vereinbarungen treffen will.

»Machen wir, geht in Ordnung, sowieso« sind für den Einheimischen nämlich keine Absichtserklärungen, sondern nur Floskeln, um im Gespräch zu bleiben. Das hat viel mit der österreichischen Tradition der »Beziehungen« zu tun, die hilfreich sein können, um Karriere zu machen, gesellschaftliche Anerkennung zu erreichen oder ein Geschäft zu machen.

Also ist man vordergründig ganz Ohr für die Anliegen und Pläne des neuen Bekannten. Es wäre ja möglich, dass er eines Tages nützlich sein könnte, also möchte man ihn nicht vor den Kopf stoßen, sondern versucht in Kontakt bleiben. Meldet er sich wirklich, wird er schnell eines Besseren belehrt.

Die Tatsache, dass der Österreicher verächtlich und neidvoll zugleich auf seinen deutschen Nachbarn blickt, hat sehr viel mit der eigenen Unentschlossenheit zu tun. Entscheidungsfähigkeit ist nicht gerade seine Stärke, Durchsetzungsvermögen sucht man bei ihm vergeblich. Geht es hingegen um geschicktes Verzögern und taktisches Hinhalten, kann er seine Stärken ausspielen. Es ist wie im Fußball: Andere mögen Tore schießen, der Ehrgeiz der heimischen Nationalmannschaft geht vornehmlich dahin, diese zu verhindern - auch die eigenen.

Die »Macher«, die das Erforderliche zielgerade und punktgenau erledigen, genießen kein sehr großes Ansehen. Geschätzt wird das Unnötige, Umständliche, die Verzierung. Lieber einen Haken zu viel geschlagen und den Ball verloren, aber eine gute Figur gemacht, als einfach aufs Tor geschossen. Den direkten Weg zum Erfolg überlässt der Österreicher den anderen - er scheidet lieber in der Qualifikation aus, stirbt dabei aber in Schönheit.

Friedensreich Hundertwasser ist der typische Vertreter dieser Mentalität: Die gerade Linie ist ihr ein Graus, alles lässt sich biegen und verbiegen. Der Architekt baut Häuser, die mit Gras bedeckt sind; ein Kunsthaus, in dem man über die eigenen Beine stolpert, weil der Boden krumm ist; und er verschönert sogar eine Müllverbrennungsanlage - das Auge »isst ja mit«, wie es schön heißt, und alle Scheußlichkeiten dieser Welt sind leichter erträglich, wenn man sie mit einer ansprechenden Fassade versieht.

Der Österreicher kann hier auf eine reiche Tradition bauen, die im Barock und Rokoko wurzelt und während der vorigen Jahrhundertwende eine flächendeckende Blüte hervorbrachte: Die Jugendstil-Künstler brachten ihre blumigen Muster auf jeder erreichbaren Wand und Decke an und verzierten auch wehrlose Bücher, Vasen und Stühle mit allerlei Dekor.

Ganze Generationen von Altwarenhändlern haben die Schöpfungen der Wiener Werkstätten als Kopien an nichtsahnende Touristen verkauft, und noch heute sind die Originale der Möbel und Lampen beliebte Objekte in den internationalen Auktionshäusern.

Der Schriftsteller Franzobel, der den leiblichen Genüssen in all seinen Werken Referenz erweist, setzt den Österreicher in Beziehung zu seinen Lieblingsspeisen und konstatiert: »Der vom Katholizismus geprägte, sich nach Geschlossenheit und Gänze sehnende Österreicher tendiert mehr zum Strudel denn zum Strich, mehr zur barocken Fülle denn zur Einfachheit.«

Hans Krankl, Stürmerdenkmal und Wiener Original, hat zu seiner Zeit als Trainer der Fußballnationalmannschaft die österreichische Einstellung in den sehr treffenden Satz gekleidet: »Wir sind auf dem richtigen Weg, der aber zirka 30.000 Kilometer lang ist.«

Denn wenn es möglich ist, macht der Österreicher doch lieber einen Umweg, anstatt schnurstracks nach Hause zu gehen. Es könnte ja sein, dass man noch einem Bekannten begegnet oder ein neues Geschäft zu entdecken ist. Die Verabredung ist ihm nichts, der Zufall alles - das Handyklingeln ist Musik in seinen Ohren, jede SMS eröffnet eine Fülle neuer Möglichkeiten. Deshalb hat das Land - abgesehen von der dünn besiedelten Nokia-Heimat Finnland - auch die höchste Rate an Mobilfunkteilnehmern. Denn Handlungsscheu und Entscheidungsunlust sind die besten Argumente für einen Handyvertrag.

Nach dem Motto »Möchten tät' ich schon wollen, aber trauen tu ich mich nicht« bleibt es bei großspurig vorgetragenen Konzepten und Beteuerungen. Was man nicht alles machen könnte, wenn man nur die Zeit finden würde, sich ausgiebig damit zu beschäftigen. Wenn die Umstände anders wären - ganz zu schweigen vom mangelnden Startkapital. »Drum prüfe, wer sich ewig bindet« scheint die Maxime zu sein, und vor lauter Prüfung kommt es nicht einmal zu einer Liaison.

Erst wenn sich etwas wirklich nicht mehr aufschieben lässt, wird es einer Erledigung zugeführt. Meist aber erübrigt sich das, denn der Großteil hat sich in der Zwischenzeit von selbst erledigt. Und so laviert sich der Österreicher höchst erfolgreich von einer Nicht-Entscheidung zur nächsten. Auf den berühmten Wettlauf des Hasen mit dem Igel muss er sich gar nicht mehr einlassen: Er war sowieso schon immer als Erster dort – wenn auch nur in Gedanken. Niemand weiß etwas davon, aber das spielt keine Rolle, denn der Handlungsbedarf ist vor allem ein mentaler.

So ersetzt in Österreich die Theorie, das »Eh-schon-Wissen«, die ganze Praxis. Weil er für sich selbst schon alles überlegt, mit sich selbst alles besprochen und für sich selbst seine Schlüsse gezogen hat, behält er es gleich für sich. Wie heißt es bereits beim Biedermeier-Schriftsteller Franz Grillparzer: »Da tritt der Österreicher hin vor jeden, denkt sich sein Teil und lässt die andern reden!«

Lasst uns Freunde bleiben

Der Österreicher steht gern im Mittelpunkt – in gebührendem Abstand zu jeder dezidierten Meinung.

»... liegst dem Erdteil du inmitten / einem starken Herzen gleich« heißt es in der Nationalhymne. Die Österreicher sehen sich gerne als ausgleichendes Element und haben im Laufe ihrer bewegten Geschichte eine gleichsam narzisstische Liebe zum Mittelweg entwickelt. Das politische Motto der Habsburger lautete »Bella gerant alii, tu felix Austria nube!« - Kriege mögen andere führen, du, glückliches Österreich, heirate! Und mit dieser Konfliktvermeidungspolitik waren sie jahrhundertelang erfolgreich.

Kaiser Karl V. beherrschte ein Weltreich, in dem »die Sonne niemals unterging«, war er doch gleichzeitig König von Spanien (inklusive Kolonien in Lateinamerika) und Kaiser des Heiligen Römischen Reiches. Nachdem Napoleon den ganzen Kontinent durcheinandergewirbelt hatte, war es den österreichischen Diplomaten vorbehalten, beim Wiener Kongress als Schlichter aufzutreten und die alte, konservative Ordnung wiederherzustellen.

Auch während des Kalten Krieges wusste Österreich seine Position als »neutrales« Land zu nutzen: Nicht nur Agenten tauschten in Wien ihre Informationen aus, auch Waffenhändler und Import-Export-Firmen aus dem Ostblock waren hier aktiv. Die DDR machte einen Gutteil ihrer Devisengeschäfte über ihre Verbindungen zur österreichischen kommunistischen Partei (KPÖ).

Im Land selbst wurde aufgrund der Erfahrungen der Ersten Republik die »Sozialpartnerschaft« errichtet, ein System gegenseitiger Abhängigkeit, das verhindern sollte, dass die sozialen Spannungen jemals wieder in bürgerkriegsähnliche Zustände mündeten. Die Sozialpartner - Arbeitgeber-, Arbeitnehmer- und Bauernverbände - handelten untereinander Arbeitsbedingungen, Subventionen, Mitspracherechte, Lohn- und Preiserhöhungen sowie Form und Zeitpunkt der Umsetzung aus.

Das Parlament hatte eigentlich nur noch die Aufgabe, diese Beschlüsse in Gesetzestexte zu kleiden. Diese korporatistische Nebenregierung war die Krönung der sozialen Marktwirtschaft und viele wähnten sich auf einer »Insel der Seligen«, wie Österreich einmal von Papst Paul VI. genannt wurde, weil das stetige wirtschaftliche Wachstum zu Wohlstand verhalf und sich ein Teppich der Zufriedenheit über das Land legte. Möglich wurde diese Entwicklung durch die jahrzehntelange gemeinsame Regierung von Bürgerlichen (Österreichische Volkspartei - ÖVP) und Sozialdemokraten (SPÖ), die praktisch alle Gesellschaftsschichten repräsentierten.

Es wird wohl noch einige Zeit dauern, bis aus der Alpenrepublik eine wirkliche Demokratie geworden ist, wenn wir diese als ein Staatswesen verstehen, in dem sich politische Parteien im fairen Wettstreit um die Stimmen der Bürger bemühen und der Sieger die Leitlinien für die Entwicklung des Landes vorgibt. Auch nach der Wahl im Oktober 2006 entschied man sich wieder für die »natürliche« Regierungsform Österreichs, wie sie von einigen Kommentatoren gleich genannt wurde: die große Koalition.

Und wie in der Politik sind die Ösis auch im privaten Umgang stets darauf bedacht, bloß nicht anzuecken. Lieber gibt man dem anderen recht, wenigstens ein bisschen, dann bringt man einen Einwand, aber nicht zu heftig, und wartet erst einmal ab. Gibt man jemandem zu heftig Kontra, könnte es sein, dass er beleidigt ist - und wer weiß, ob man ihn nicht noch brauchen kann, wenn es um dieses oder jenes Geschäft geht.

Als bestes Rezept, um Ärger zu vermeiden, hat sich im Laufe der Jahrhunderte herauskristallisiert, erst gar keine eigene Meinung zu haben, sondern einfach immer die des jeweiligen Gesprächspartners zu übernehmen. Der wird sich sicher erkenntlich zeigen.

»Das hamma schon immer so g'macht.«

Die Österreicher verfügen über ein besonderes Beharrungsvermögen - ihr Drang zur Veränderung ist eher unterentwickelt.

Wer Wien besucht, fühlt sich oft wie im (falschen) Film. Der 1. Bezirk, die »Innere Stadt«, ist ein geschlossenes Ensemble aus Gründerzeithäusern, Palästen, Kaffeehäusern, Kirchen und Denkmälern. Wären da nicht die Firmenschilder und die Passanten in H&M-Klamotten, könnte man vermuten, sich im Studioaufbau für einen

Historienfilm zu bewegen, der die Handlung einer Romanze an der Schwelle zum 20. Jahrhundert umrahmt.

Nicht nur böse Menschen von außerhalb sehen Österreich als ein Land, das seine große Zeit schon lange hinter sich hat - auch die Österreicher selber wissen das. So gaukelt das Hotel- und Tourismusgewerbe den Besuchern eine Welt vor, in der jeden Moment eine offene Pferdekutsche um die Ecke biegen und der Kaiser Franz Joseph persönlich, live on stage sozusagen, seinem Volk zuwinken könnte.

Die Österreicher sind ein ausgesprochen konservatives Volk. Veränderungen stehen sie höchst skeptisch gegenüber - egal, ob es sich um persönliche Belange oder um politische Entscheidungen handelt. Denn der Österreicher braucht Orientierung, sonst verliert er den Halt. Helmut Qualtinger und Carl Merz haben solche Nöte in ihrem berühmten Stück »Der Herr Karl« treffend formuliert: »Das war eine furchtbare Zeit damals. (...) Man hat nie gewusst, welche Partei die stärkere ist. Man hat sich nie entscheiden können, wo man sich hinwendet, wo man eintritt ...«

Will man in Österreich etwas Neues auf die Beine stellen, muss man viele Hindernisse umschiffen und eine Menge bürokratischer Willkür in Kauf nehmen. In der Literatur gibt es einen Ausdruck dafür: das »österreichische Erfinderschicksal«. Hat jemand einen Verbesserungsvorschlag, eine Idee für eine technische Neuerung oder gar etwas ganz Neues erfunden, muss er sich zuerst an die zuständige Stelle wenden.

Hier sitzt ein Sachbearbeiter, der unter Zuhilfenahme dreier (auch in Deutschland bestens bekannter) Standardsätze einschreitet: »Das hamma noch nie g'macht« (und werden wir daher auch jetzt nicht anfangen). »Das hamma schon immer so g'macht« (und werden wir auch nicht ändern). Und: »Da könnt ein jeder kommen.« (Wer sind Sie überhaupt, dass Sie komische Vorschläge machen?) Auf diese Art und Weise wurden in Österreich z.B. die unbedeutenden Erfindungen »Elektrizität« und »Schreibmaschine« abgelehnt - und dann eben von anderen patentiert und vermarktet.

Gleichzeitig - und als Gegenreaktion - gibt es die Tendenz, sich des Alten ganz zu entledigen und vollkommen auf die neuesten Trends (die natürlich immer aus dem Ausland kommen) zu setzen. Dass es sich dabei oft nur um alte Hüte handelt, wird durch die Sprache verschleiert. Das Neue kommt im saloppen Englisch daher. Das klingt modern, und außerdem versteht es nicht jeder. Um ehrlich zu sein, wissen die meisten nicht, worum es geht - Hauptsache, man ist vorne dabei.

Diese Marotte kommt nicht nicht nur in Bereichen wie Internet, Computerzubehör und Mobiltelefonie vor, wo sie, als logische Konsequenz der internationalen Vermarktung, auch in anderen Ländern üblich ist. Spezifisch österreichisch ist die flachendeckende Ausdehnung dieser Anglizismen auf alle Branchen und Geschäftsfelder, wenn es darum geht, eine jüngere Klientel anzusprechen.

Dann werden Apartments von internationalen Stararchitekten gebaut und mittels futuristischer Computeranimationen im Internet angepriesen. Sind die Käufer dann in ihre neue G-Town eingezogen, finden sie dort die Bereiche »Center. Style. Szene. Treff. Fun. Nature.

Care. Kids. Home.« Eines der Prestigeprojekt der Stadt Wien, auch Gasometer-City genannt, wurde für die entsprechende Zielgruppe konzipiert, »und zwar junge Menschen jeden Alters, die wir als sogenannte ›Folks‹ definieren«, erklärt der Prokurist der Firma, die die Objekte vermarktet.

Klar, dass die »Community« ein eigenes Internet-Forum hat, in dem die G-Shops über die neuesten Fashion & Styling Trends informieren und zum No-Stress-Shopping einladen. G-Cinema und G-Hall bieten Film- und Konzerttickets an. Man klingelt nicht mehr beim Hausmeister, sondern kommuniziert mit dem G-Management. Es gibt Kid-Action-Termine, Tischreservierung über das Internet und statt sich mit den Nachbarn im Flur zu unterhalten, treffen sich die G-Members im virtuellen Chatroom.

Beobachtet man die politische und wirtschaftliche Entwicklung in Österreich über einen längeren Zeitraum, bekommt man den Eindruck, dass sich Tradition und Innovation in zwei unvereinbaren Lagern gegenüberstehen. Der eine Teil der Bevölkerung möchte nicht gestört werden. Der andere Teil will den Fortschritt um jeden Preis; es geht ihm alles zu langsam. Oft genug handelt es sich dabei um Menschen, deren Einfluss groß genug ist, um ihre Projekte auch unter Umgehung der demokratischen Spielregeln durchzusetzen.

So hat es manchmal den Anschein, als ob die Nation janusköpfig sei - zurückblickend in der Vorwärtsbewegung und zukunftsorientiert, wenn sie sich mit der Vergangenheit beschäftigt. Ihr Markenzeichen ist eine gewisse ironische Äquidistanz zum Erbe der Geschichte wie auch zu den Herausforderungen der Zukunft. Oder wie Alfred Polgar schon in den 20-Jahren des vorigen Jahrhunderts feststellte: »Wir Österreicher sind ein Volk, das mit Zuversicht in die Vergangenheit blickt.«

WIRTSCHAFTS- UND SOZIALKUNDE

Penthouse-Sozialismus

Die Gewerkschaften sterben aus. Weil sie zu mächtig geworden sind, schaffen sie sich selbst ab.

Was sonst nur in Gewerkschaftsbroschüren oder linken Blättern in einem Atemzug genannt wird, ist in Österreich ein Unterrichtsfach in der Schule: Wirtschafts- und Sozialkunde. Die Sozialpartnerschaft als eigentliche Staatsräson der österreichischen Konkordanzdemokratie prägte den gesellschaftlichen Diskurs über Jahrzehnte hinweg derart massiv, dass Wirtschaft immer nur im Zusammenhang mit Arbeit gesehen wurde - paradiesische Zustände für Sozialdemokraten und Arbeitnehmervertreter.

Insbesondere die Gewerkschafter mussten keine Konflikte austragen oder gar Streiks organisieren, sondern konnten sich darauf konzentrieren, geeignete Mitglieder für die Besetzung der ihnen zustehenden Aufsichtsratsposten zu finden. Weil die Steuerung eines kapitalistischen Unternehmens aber nicht unbedingt zu den zentralen Talenten gestandener Gewerkschafter gehört, wurde ihre Zustimmung zu ehrgeizigen Plänen des Managements häufig durch Korruption erkauft. Der österreichische Kämpfer für das Gute ist halt auch nur a Mensch.

Die für den Gewerkschaftsbund dramatischste Affäre war der »BAWAG-Skandal« im Jahre 2006: Die gewerkschaftseigene Bank stand, verursacht durch persönliche Raffgier und riskante Spekulationsgeschäfte ihrer Spitzenmanager, plötzlich am Rande des Ruins. Im Zuge der Aufdeckung der obskuren Geschäfte wurde publik, dass der Präsident des Gewerkschaftsdachverbands ÖGB die gesamte Streikkasse in Milliardenhöhe verpfändet hatte, um die Pleite der Bank zu verhindern.

Und wie die kleinen Leute so sind: Viel mehr als die Tatsache, dass ihre gesamten Rücklagen aufs Spiel gesetzt worden waren, empörte die ÖGB-Mitglieder, dass der Präsident ein Penthouse in der Wiener Innenstadt bewohnte, für das er, weil es der Bank gehörte, erstaunlich wenig Miete bezahlte. Von den Sprachwächtern des Landes wurde der Begriff »Penthouse-Sozialismus« denn auch gleich zur Wortschöpfung des Jahres 2006 erklärt.

Weil über die BAWAG aber seit jeher die Geschäfte der staatlichen Rüstungsfirmen abgewickelt wurden und der gerade anstehende Kauf neuer Abfangjäger für die furchteinflößende österreichische Luftwaffe anstand, konnte auch die konservative Regierung die Bank nicht einfach ihrem Schicksal überlassen. Daher wurde eine

Staatsbürgschaft von 900 Millionen Euro im Parlament beschlossen - allerdings unter der Bedingung, dass der ÖGB die Bank verkaufte - und sich auch gleich von seinen Anteilen an Österreichs Nationalbank trennte, die ihm bis dahin stets üppige Einnahmen garantiert hatten.

Damit hatte der Gewerkschaftsbund seine einstmals gute Ausgangsposition im wahrsten Sinn des Wortes verspielt - zumal er die Bank auch noch an die US-Fondsgesellschaft Cerberus verkaufte, einen »Höllenhund der Globalisierung«. Wie soll der ÖGB jetzt noch glaubwürdig vor »Heuschrecken« warnen?

So hat eine Clique von unfähigen Gewerkschaftsfunktionären all das in den Sand gesetzt, was seit Jahrzehnten aufgebaut worden war: die Beteiligung aller am Reichtum, der in Österreich geschaffen wird. Heute vertreten die Gewerkschaften nur noch ein Drittel der arbeitenden Bevölkerung.

Früher hieß das Totschlagargument immer: Vollbeschäftigung. Wenn es um Arbeitsplätze ging, konnte die Gewerkschaft ihren Mitgliedern alles einreden. So ging der Langzeitpräsident des ÖGB, Anton Benja, immer mit dem Kanzler Kreisky konform - ob beim Atomkraftwerk Zwentendorf (das nie in Betrieb ging, weil sich die Mehrheit der Österreicher in einer Volksabstimmung dagegen aussprach) oder beim letztlich am Widerstand der Umweltschützer gescheiterten Wasserkraftwerk in den Donauauen bei Hainburg: Die gewerkschaftlich organisierten Arbeiter hatten für die Ökos weniger Verständnis als vielmehr Prügel im Angebot.

In sogenannten »strukturschwachen Gebieten« wie der Oststeiermark haben internationale Firmen jahrzehntelang großzügige Subventionsmittel kassiert und sich jeweils nach einigen Jahren der Steuerfreiheit wieder davongemacht. Alle namhaften Autohersteller haben sich hier ihre Fördermillionen abgeholt. Die Regierung war besessen von der Idee einer einheimischen Autoindustrie - aber die Konzerne bauten nur nachgeordnete Produktionsstrecken, die alsbald wieder an einen lukrativeren Standort verlagert wurden.

Wohlstand und Erfolg

Der Österreicher ist zufrieden - solange es dem Nachbarn nicht besser geht. Macht der Karriere, kann mit ihm etwas nicht stimmen.

Niemals wird ein Ösi seinem Chef sagen, dass er die ihm übertragene Aufgabe für unsinnig hält, und einen besseren Vorschlag machen - vielmehr wird er einen unglaublichen Erfindungsreichtum an den Tag legen, um die Erledigung zu hintertreiben. Was lange genug liegenbleibt, erledigt sich von selbst, ist seine Erfahrung. Diese österreichische Gelassenheit - von Außenstehenden auch Schlamperei oder Inkompetenz genannt - wirkt oft provozierend. Speziell der deutsche Ordnungssinn stößt hier an seine Grenzen.

Zu sagen, was man denkt, gilt als schwerer Fehler. Man hätte dann ja nichts mehr in der Hinterhand. Außerdem möchte man sich nicht hervortun, denn neben dem Einkommen sucht der Österreicher vor allem sein Auskommen: Und das bedeutet nicht nur, genug Geld zu verdienen, sondern sich auch mit Chef und Kollegen zu verstehen. Wenn er sich zwischen einem höheren Gehalt und einem geruhsamen Job zu entscheiden hat, tendiert der Österreicher eher zu den angenehmen Arbeitsbedingungen. Erfolg wird eher an steigender gesellschaftlicher Anerkennung als am nackten Einkommen gemessen. »Deutsche leben, um zu arbeiten, Österreicher arbeiten, um zu leben« ist ein beliebtes Bonmot, das versucht, das fehlende Karrierestreben der Österreicher in eine Lebensphilosophie zu verwandeln.

Die Einstellung des Österreichers zu Geld und Erfolg ist nicht ganz leicht auf den Punkt zu bringen, denn was vordergründig wie blanker Neid erscheinen mag, ist eher eine generelle und tiefe Skepsis: Jede Unterhaltung über erfolgreiche Zeitgenossen führt unweigerlich zu einer Debatte darüber, wie das ganze gesellschaftliche System funktioniert. Dass es ungerecht ist, wird dabei meist vorausgesetzt. Dass man es nicht ändern kann, ist ebenso gewiss. Daher ist das Hadern mit dem Schicksal eine der hervorstechendsten Eigenschaften der Österreicher.

»Wer steckt dahinter?«, wird gefragt, wenn jemand erfolgreich ist, und nicht etwa: »Wie hat er das gemacht?« Warum ausgerechnet der und nicht ein anderer, den man kennt und der mindestens ebenso geeignet für den Posten wäre? (Im Zweifelsfall meint man damit natürlich sich selbst.) Im kleinen Österreich gibt es stets mehr Anwärter als freie Stellen, deswegen gehen auch viele Akademiker, Journalisten und andere hochqualifizierte Arbeitskräfte ins Ausland. Wer im Land Karriere machen will, für den ist es mindestens genauso wichtig, über die

Beziehungen hinter den Kulissen Bescheid zu wissen, wie sein eigentliches Fachgebiet zu beherrschen. (→ »Eine Hand wäscht die andere«, S. 80)

Wenn es jemand geschafft hat, in eine Führungsposition aufzusteigen, versucht er seine Stellung auszubauen und sich »zu bedienen«. Dieses Phänomen der »Ämterkumulierung« - bei der es sich in Wirklichkeit natürlich um eine Einkommenskumulierung handelt - erzeugt wiederum Neid und Missgunst bei allen, deren Aufstiegspläne durchkreuzt wurden.

Behilflich bei der Anhäufung von Ämtern, Aufsichtsratssitzen und Ehrentiteln sind die politischen Parteien. Sämtliche Führungspositionen wurden über Jahrzehnte zwischen den »Schwarzen« (der ÖVP) und den »Roten« (der SPÖ) aufgeteilt. In keinem anderen Land gibt es so viele Parteimitglieder wie in Österreich. Wer auch immer Beamter werden will, baut auf die Mehrheitspartei im jeweiligen Bundesland. So sind die meisten Wiener Lehrer in der SPÖ oder zumindest in der sozialistischen Gewerkschaft organisiert, während etwa in Tirol alle ÖVP-Mitglieder sind. Jahrzehntelang wurden die Posten nur nach Parteizugehörigkeit vergeben und wer sich weigerte, das Spiel mitzumachen, hatte keine Chance, Karriere zu machen.

Kommt es infolge von Wahlen zu politischen Veränderungen, werden die Besitzstandsverhältnisse angeglichen: So sind inzwischen auch Mitglieder der FPÖ und der Grünen in höheren Ämtern oder Verwaltungsratspositionen zu finden. Und obwohl seit dem EU-Beitritt auch in Österreich die Privatisierung von staatlichen Firmen vorangetrieben wird, gilt nach wie vor: Eher findet man einen Leoparden im Streichelzoo als einen Parteilosen im Aufsichtsrat eines österreichischen Konzerns.

Tue nichts und verhindere alles

Die Österreicher sind unschlagbar – in den Disziplinen »Beamtenmentalität« und »Bürokratischer Hürdenlauf«.

Für jeden, der ein österreichisches Amtsgebäude betritt, sind das Erbe der k.u.k.-Verwaltungsbeamten und die Nähe zum »Balkan« sofort spürbar. Man kommt sich vor wie in einer Kriminalgeschichte von Eric Ambler. Wie soll man sich verhalten? Keiner sagt etwas, allerhöchstens: »Nehmen Sie im Wartezimmer Platz.« Dann passiert lange gar nichts. Vor dem inneren Auge des Wartenden steigen düstere Schwarzweißbilder auf: Jeremy Irons als »Kafka« im Film von Steven Soderbergh, oder die schrägen Perspektiven im »Kabinett des Dr. Caligari«.

Wir denken an das »Schloss« - einen Ort, dem man nicht entkommt, obwohl nichts geschieht. Aber man wartet. Der Versicherungsangestellte fällt uns ein, der mit seinen Kollegen im Großraumbüro sitzt und ein winziges Detail eines Falles bearbeitet; der Sachbearbeiter, der akribisch alle Unterlagen einfordert, noch ein Formular aus der Schublade zaubert und eine weitere Unterschrift verlangt. Beamte, die uns Alpträume bescheren, wenn wir sie im Kino sehen. Weil wir wissen, was der allmächtigen Bürokratie zugrundeliegt: ein tief verwurzelter

Untertanengeist, der bisweilen verheerende Folgen zeitigt: ein Mitläufertum, das bis zum Völkermord gehen kann.

Diese Mentalität ist das Produkt einer besonders langen und reichen Tradition des österreichischen Beamtentums. Seine größte Blüte erlebte es in der Regierungszeit von Franz Joseph I., der fast sieben Jahrzehnte lang - von 1848 bis 1916 - Kaiser und in der Hauptsache damit beschäftigt war, die unzufriedenen Bauern und Arbeiter bei der Stange und die zahllosen, nach Unabhängigkeit strebenden Völkerschaften in seinem wirtschaftlich zurückgebliebenen Imperium ruhigzuhalten.

Ein riesiges Heer von Staatsangestellten wurde im Laufe der Jahrzehnte geschaffen, um der Bevölkerung eine Verwaltung des vor sich hin siechenden Habsburgerreichs wenigstens vorzugaukeln. Im Angesicht des drohenden Zerfalls der österreichisch-ungarischen Monarchie bestand die Hauptaufgabe dieser Beamten darin, den Status quo mit allen nur erdenklichen Mitteln aufrechtzuerhalten. Demzufolge lautete das heimliche Motto dieser Staatsdiener: »Tue nichts und verhindere alles.«

Österreich-Ungarn war der zweitgrößte Staat in Europa und Wien das Verwaltungszentrum für die 29 Millionen Einwohner »Cisleithaniens«, des westlichen Teils der Donaumonarchie. Nach dem Ersten Weltkrieg blieben davon knapp 8 Millionen übrig - und eine überdimensionierte Beamtenschaft. Die stellte in der Folge einen Großteil der Politiker. Und diese wiederum bestimmten das Wirtschaftsgeschehen. Bis in die 90er-Jahre - als im Zuge der Umsetzung der EU-Gesetze auch in Österreich Telefon, Post und Bahn privatisiert wurden - waren ein Großteil der Industrie, Banken, Versicherungen und ein beträchtlicher Teil des Handels direkt oder indirekt in Staats-, also Beamtenhand. Managerposten wurden nach Parteienproporz vergeben, die Rentablität wurde dem politischen Interesse untergeordnet. Was aber noch schwerer wiegt: Die Beamten prägten den Stil der Kundenbeziehungen. Und diese Umgangsformen trotzen bis heute den Marketingstrategien von Werbeagenturen und Personalchefs.

Gehen Sie einfach auf die Post oder in eine beliebige Bank. Sofort werden Sie feststellen, dass die Unterwürfigkeit des Antragstellers nicht nur auf dem »Amt« eingefordert wird, sondern auch am Bankschalter oder beim Einkauf im Supermarkt. Nichts geht über die »Pause«

des Angestellten, Nachfragen der Kunden sind lästig und werden geflissentlich überhört. Oder es ist die jeweils nicht Anwesende zuständig: »Tut mir leid, da kann ich Ihnen im Moment gar nicht helfen. Da müssen Sie sich an meine Kollegin wenden.«

Mitten im globalisierten Geschwindigkeitsrausch bewahren diese Menschen eine stoische Ruhe - wenn es um ihre eigenen Interessen geht. Manch einer spricht ja vom speziellen »österreichischen Charme«, und im Urlaub mag man diese Verhaltensweise ja durchaus sympathisch finden. Im ganz normalen Alltagsstress allerdings treibt einen diese Unbeweglichkeit zur Weißglut.

Auch an Österreichs Schulen dominiert diese Mentalität - die meisten heute tätigen Lehrer wurden nach nur wenigen Dienstjahren verbeamtet und gelangten in den Genuss der »Pragmatisierung«. Das bedeutet, dass sie ihr Leben lang nicht mehr gekündigt werden können - außer sie vergreifen sich an kleinen Jungs oder zünden die Schule an. Schon bei »Dienstbeginn« konnten sie ihren letzten Arbeitstag und die Höhe ihrer Bezüge beim Pensionsantritt errechnen. Ihr Sinnen und Trachten gilt ausschließlich den Pfingst-, Weihnachts-, Oster- und großen Ferien. Sie kennen jeden Feier- und Fenstertag. Wenn die Politik mehr Engagement von den Lehrern fordert, zucken sie mit den Schultern und verweisen auf die Jüngeren. Die werden nicht mehr automatisch pragmatisiert. Sie erhalten Zeitverträge und müssen ihre Beschäftigung rechtfertigen. Die älteren Kollegen bereiten sich währenddessen geistig auf den Ruhestand vor - jahrzehntelang.

Und weil das Beamtentum die beste Altersversorgung gewährleistet, ist der Anteil der öffentlich Bediensteten in Österreich so hoch wie nirgends sonst: Auf 100 Beschäftigte kommen 23 Beamte. In Schweden gibt es im Vergleich dazu nur 15, in der Schweiz nur elf je 100 Einwohner. Deutschland beschäftigt 4 Millionen Bundesbeamte bei einer Einwohnerzahl von 85 Millionen, Österreich 750.000 - also doppelt so viele pro Einwohner.

Und was soll mit den vielen pragmatisierten Angestellten geschehen? Von den 47.000 Mitarbeitern der Österreichischen Bundesbahnen (ÖBB) genießen 80 % Kündigungsschutz, nicht einmal Topmanager können gefeuert werden: Weil der 47-jährige Personalchef der Bahn »aufgrund schwerwiegender Differenzen« mit dem Vorstand auch an anderer Stelle nicht mehr weiterbeschäftigt werden konnte, erhält er eine Frühpension von monatlich 5.000 Euro.

Das Land liegt beim Pensionsalter ohnehin ungeschlagen an der Spitze: Mit 58 Jahren gehen die Österreicher im Schnitt in Rente, und die Beamten liegen dem Staat weiterhin auf der Tasche, schließlich haben sie keinen Cent in die Pensionskassen eingezahlt.

»Die Millionenshow« wird dreimal wöchentlich gesendet und ist noch beliebter als das deutsche Pendant »Wer wird Millionär?« mit Günther Jauch. Das ist nicht weiter erstaunlich. Irgendwie müssen sich die pensionierten Lehrer ja die Zeit vertreiben. Und davon gibt es jede Menge: Schon wer das 50. Lebensjahr erreicht hatte, konnte im Jahr 2003 den vorzeitigen Ruhestand antreten. Drei- bis viertausend Lehrer haben die Gelegenheit genutzt und quälen jetzt nur mehr ihre eigenen Enkel. Dazu verabschiedeten sich noch zweitausend weitere Beamte - sie konnten im Zuge einer anderen Sonderaktion mit 55 Jahren in Rente gehen.

Der Wunsch nach Sicherheit ist so fest im Denken des Österreichers verankert, dass er sein Leben auf die Pension hin plant. Man muss seine »Dienstzeit« möglichst unaufwendig hinter sich bringen - denn das »richtige« Leben beginnt danach. Nach Feierabend. Und so richtig schön wird es mit der Rente. Dieses Denken hat zum einen etwas mit der Rundumversorgung der Staatsbürger zu tun, die die Sozialdemokratie in den 70er-Jahren einführte: Kindergärten wurden eingerichtet, die Schulfreifahrt eingeführt, Schulbücher gab es plötzlich gratis, und begabte Schüler aus den unteren Schichten wurden durch Stipendien gefördert. Die Wirtschaft brauchte gut ausgebildete Fachleute, daher wurde der Zugang zu den Universitäten erleichtert, das Land produzierte innerhalb kürzester Zeit eine stattliche Zahl von Akademikern - für die es zu wenige Karrieremöglichkeiten im kleinen Alpenland gibt.

Aber das Versorgungsdenken hat noch eine weitere Wurzel: den Untertanengeist. Es fehlt an Eigeninitiative, denn diese war nie gefragt. Der Leibeigene, der Untertan, der Soldat, das Parteimitglied - allen wurde gesagt, was sie zu tun hatten, und stets wurden sie versorgt. Nie mussten sie sich selbst Gedanken über ihre Zukunft machen. Die staatliche Betreuung von der Wiege bis zur Bahre produzierte Menschen, die stark obrigkeitshörig sind und Angst vor Veränderungen haben.

Der Übergang von der Feudalgesellschaft, in der sich der arbeitende Mensch in direkter Abhängigkeit vom Lehnsherrn befindet, zur bürgerlichen Gesellschaftsordnung, in der gleichberechtigte Staatsbürger Entscheidungen für ihre Zukunft selbst treffen können, hat in Österreich nicht richtig geklappt. Vor allem auf dem Land erlebten die Menschen nur den Wechsel verschiedener Herren, die über ihr Leben bestimmten. Und gerne fügten sie sich den Anordnungen einer Partei - oft erst der einen, dann der anderen, obwohl die Inhalte der Politik gänzliche verschieden waren.

Obwohl schon die Kaiserin Maria Theresia im 18. Jahrhundert die Leibeigenschaft abgeschafft und ihr Sohn Joseph II. als »aufgeklärter Monarch« die Bildung der niederen Stände befördert hat, fällt es dem Österreicher noch immer leichter, die Schultern zu senken, als seinem Gegenüber ohne Scheu in die Augen zu blicken. Und obwohl die Jungen angeblich von *Bravo*, MTV und Videospielen verdorben werden, hat es den Anschein, als würden die Charaktereigenschaften eines Volkes von Generation zu Generation weitervererbt - bis in alle Ewigkeit.

Ganz egal, in welchem Outfit er erscheint, als Hippie, Punk oder Gruftie, egal ob mit Arschgeweih, Bauchnabelpiercing oder Dreadlocks - die internationalen Stammesattribute der Jugendkultur verlieren ihre Bedeutung und der wahre Kern des Österreichers kommt zum Vorschein, tritt er in Kontakt mit einer Behörde. Braucht er einen Ausweis oder möchte er ein Stipendium beantragen, wird er unweigerlich von seiner Geschichte eingeholt. Seine Bestimmung ist die Subordination. Kaum betritt er eine Amtsstube, wird der schillernde Selbstdarsteller zum anonymen Antragsteller, der sich in sein Schicksal fügt.

Dem Beamten auf der anderen Seite des Schreib-

tisches geht es nicht anders, er übt nur eine Tätigkeit aus, deren Zusammenhänge für ihn nicht einsichtig sind. »Vorschrift ist Vorschrift« - was so viel heißt wie: Eine unbekannte, nicht näher definierte, undurchschaubare Institution steckt dahinter. Eine höhere Macht sozusagen. Weshalb diese Vorschrift auch nicht in Frage zu stellen ist. Egal, wer der Verursacher ist, das »ausführende Organ« hat eine Anordnung bekommen. Auf dem Dienstweg. Nun sorgt er oder sie dafür, dass ihr Folge geleistet wird.

Die Weitergabe von Informationen erfolgt über undurchsichtige Hierarchieebenen. Der jeweils Untergebene kann daher nie persönlich zur Verantwortung gezogen werden - er erfüllt nur seine Pflicht. An seinem Platz trägt er zum Funktionieren des Ganzen bei. Wie wichtig sein Beitrag ist, bleibt ihm ebenso verborgen wie die Sinnhaftigkeit oder Notwendigkeit des großen Ganzen. Er ist nur der Erfüllungsgehilfe einer ominösen übergeordneten Behörde. Und deshalb ist es auch völlig belanglos, ob die Vorschrift sinnvoll ist oder nicht.

Im Gegensatz zum Deutschen, der auf dem Grundsatz »Gleiches Recht für gleiche Bürger« besteht und glaubt, wenn sich alle an die Vorschriften halten, funktioniert das System - auch wenn es bisweilen bedauerliche Ausnahmen gibt -, weiß der Österreicher, dass das Gesetz nichts und die Durchführungsbestimmung alles ist. Und die Durchführung obliegt dem Beamten, hier kommt sein »Ermessensspielraum« zum Tragen - ob und wann er diesen Spielraum ausdehnt oder einschränkt, das liegt eben in seinem Ermessen. Oder in dem von jemand anderem.

Für den Untertan ist es wichtig zu wissen, dass auch Beamte Menschen sind, mit denen man sich »gutstellen« kann. Wer weiß - vielleicht braucht der zuständige Sachbearbeiter demnächst einen kostengünstigen Handwerker für die Renovierung seines Gartenhäuschens? Hat man also einen Maler bei der Hand, wird das Ansuchen schon positiv erledigt werden. Denn merke: Wer hat, dem wird gegeben. Wer aber keine Beziehungen hat und versucht, sich korrekt zu verhalten, der wird nichts bekommen.

Daher besteht eine der Lieblingsbeschäftigungen des Österreichers darin, Mittel und Wege zu finden, wie man die Vorschriften möglichst elegant und unauffällig umgehen kann. In seinem Verhältnis zur Bürokratie kann man den Österreicher und seinen Charakter hervorragend studieren. Während sich der Fremde murrend in die Schlange am Vordereingang einreiht, sucht der Österreicher nach dem Seiteneingang und erklärt dem Zerberus an der Pforte seine besondere Notlage. Er vergeudet keine Zeit mit sinnlosen Diskussionen.

Während der Deutsche sich unglaublich aufregen würde - wer ist für die missverständlichen Formulare verantwortlich? Warum sind so wenige Schalter besetzt? Bei wem kann ich meine Beschwerde vorbringen? -, sucht der Österreicher den Weg direkt ans Ziel der Eingabe, und der führt meistens über einen »Bekannten«. Den braucht man auch, um etwas zu erreichen, denn nur Eingeweihten gelingt es, das Verwirrspiel von Zuständigkeiten und Eingaben, Anträgen und Formularen zu durchschauen. Das Bewusstsein der eigenen Machtlosigkeit ist die Grundvoraussetzung für seinen Umgang mit einer »Amtsperson«. Er legt keinen falschen Stolz an den Tag.

Hier ein kleiner Leitfaden für Behördengänge in Kakanien: Wenn Sie eine österreichische Amtsstube betreten, sollten Sie immer freundlich grüßen. Den Beamten niemals in forschem Ton ansprechen. Überhaupt sollten Sie warten, bis er selbst die Stimme erhebt, und nur auf Fragen antworten. Werden Sie nicht direkt angesprochen, höchstens nicken. Wird eine Auskunft von Ihnen verlangt, seien Sie höflich und vermeiden Sie es, ihrem Gegenüber in die Augen zu schauen. Der österreichische Beamte bekommt einen Schock, wenn Sie ihm zu nahe kommen.

Seine Kommunikation erfolgt über Fußmatte und Schreibtischschoner. Blickkontakt wird er nur in Ausnahmefällen suchen, etwa, um zu überprüfen, ob Sie die Wahrheit sagen. Folgende Redewendungen sollten Sie auf jeden Fall vermeiden: »Ich habe das Recht …«, »Sie sind verpflichtet …« oder »Ich habe mich informiert …« Denn nur als subalterner Antragsteller haben Sie eine Chance auf positive Erledigung Ihres Falles. Kommen Sie einem österreichischen Beamten mit verbrieften Rechten oder anderweitig erworbenen Informationen, lässt er Sie garantiert abblitzen.

Erklärungen interessieren nicht, Ansprüche gibt es keine, Vorschriften haben wir alle zu befolgen - egal, ob sie sinnvoll sind oder nicht. Fiele es dem Beamten ein, die Anordnungen, die seiner Tätigkeit zugrundeliegen, in Frage zu stellen, hätte sein Dasein keinen Sinn mehr. Deshalb gilt: Nur nicht nachfragen. Wer nachfragt, ist lästig. Das gilt für den Antragsteller genauso wie für den Sachbearbeiter.

Zu viel Nachdenken bringt nur Ärger. Jeder Österreicher hat es verinnerlicht: Blöd stellen (oder sein) ist das Schmiermittel für den Behördenverkehr. Schlau sein kann man dann draußen wieder, beim Geschäftemachen.

Eine Hand wäscht die andere

Die Österreicher sind Meister der Mauschel-Ökonomie. Beziehungen sind ihnen die härteste Währung.

Wer in Österreich selbstständig arbeiten will, braucht gute Nerven und einen langen Atem. Das fängt damit an, dass es kaum eine Tätigkeit gibt, die man einfach ausüben kann, ohne Mitglied in einer Kammer, einem Berufsverband oder einer anderen Interessensgemeinschaft zu sein. Wer als Grafiker arbeiten will, muss entweder ein Gewerbe anmelden und Mitglied der Handelskammer werden (d.h., einen saftigen Mitgliedsbeitrag zahlen) oder freischaffend sein und - wenn er keinen Abschluss an einer Kunsthochschule nachweisen kann - vom zuständigen Ministerium als Künstler anerkannt werden. Und Beiträge zur Sozialversicherung müssen die Selbstständigen in Österreich übrigens auch bezahlen.

So ergibt sich die Paradoxie, dass das »Arbeitsmarktservice« (= Arbeitsamt) versucht, die Leute zur Selbständigkeit zu animieren, um sie nicht versorgen zu müssen, während die Kammern bestrebt sind, ihre Mitglieder vor unliebsamer Konkurrenz zu schützen und so die Versuche zur Rettung der Sozialsysteme nach Kräften zu hintertreiben.

Und wer dann endlich den Hindernislauf durch die Behörden geschafft hat und sich voller Tatendrang an das Akquirieren von Aufträgen machen möchte, wird feststellen, dass er einer Mauer der Ablehnung gegenübersteht. Seine Bemühungen, potentielle Auftraggeber zu sprechen, scheitern schon an der Vorzimmerdame - zumindest dann, wenn er nicht schon eine Menge Leute kennt, die selbst wiederum eine Reihe von Leuten kennen, die Verbindungen zu Firmen haben, die als Auftraggeber in Frage kommen. Doch wie wird man Teil dieser »Freunderlwirtschaft«, wenn man neu in der Stadt ist?

Die Spielregeln, nach denen hier Aufträge vergeben werden, sind für Ausländer kaum nachvollziehbar - vor allem nicht für Deutsche, die es gewohnt sind, nach einem Briefing einen Kostenvoranschlag zu erstellen und dann nach rationalen Kriterien, d.h. aus einer Reihe von Anbietern aufgrund der offerierten Leistung im Verhältnis zum verlangten Preis ausgewählt zu werden - oder eben nicht. In Österreich geht das ganz anders. Zunächst einmal: Wer wird eingeladen? Natürlich nur Leute, die man »kennt« - sei es persönlich, sei es »über mehrere Ecken«, d.h. von einem Freund oder Bekannten empfohlen. Denn: Ohne Sympathiewerbung läuft gar nichts.

Für den weiteren Fortgang muss man nicht gleich das schlimme Wort »Bestechung« in den Mund nehmen. Aber eine höfliche Umgangsform muss schon sein. Auch wenn es nur ein Milchkaffee ist. Sich einfach hinzusetzen und zu sagen: »Ich brauche dieses und jenes, was schlagen Sie als Lösung vor und was würde es mich kosten?« ist nicht drin. Erst einmal ein Kaffee, dann vielleicht noch ein »Kipferl« und die Frage nach der Befindlichkeit. Könnt' ja sein, man hat schlecht geschlafen und wird vom Anliegen des Kunden jetzt überrascht.

Und so geht es keineswegs nur bei Kulturkunden zu, die viel Zeit haben und deswegen gerne Kaffeetrinken und Abendessen gehen, um die Leute, mit denen sie zusammenarbeiten, kennenzulernen und sicherzustellen, dass ihr Projekt, das ihnen persönlich am Herzen liegt, in guten Händen ist.

Nein, auch Selbstständige, die mit Computerfirmen, Architekten, Steuerberatern, Kaufhausketten oder Banken zusammenarbeiten, kommen nur auf diese Weise an ihre Jobs, also über eine gute Freundin, deren Mann die Kommunikationsabteilung der Firma leitet; über die gemeinsame Bekannte aus dem Squashcenter; weil die Kinder im selben Kindergarten waren und so weiter.

Es mag an der Nähe zum Balkan liegen oder an der mangelnden Geradlinigkeit des österreichischen Charakters - auf jeden Fall ist es den Einheimischen schlicht nicht möglich, einfach zu sagen: »Du brauchst eine Leistung, ich gebe sie dir, sie kostet soundsoviel, erledigt.« Erst einmal müssen alle Möglichkeiten überlegt und gemeinsam besprochen werden. Man könnte doch auch ... aber dafür reicht das Geld nicht. Egal, schön, dass wir darüber gesprochen haben, vielleicht beim nächsten Mal. Und es könnte ja sein, dass ein Freund oder Bekannter ...

Das ist nämlich der Clou an der Sache: Wenn man erst einmal als vertrauenswürdig eingestuft worden ist, wird man weiterempfohlen, und die Auftraggeber geben sich die Klinke in die Hand. Die Österreicher agieren eben eher beziehungsorientiert als aufgabenorientiert (wie die Deutschen).

Dass man seine Freunde empfiehlt, wenn man davon überzeugt ist, dass Sie ihren Job gut machen, ist völlig legitim. Aber die Unverfrorenheit, mit der die Ösis zu Werke gehen, ist doch erstaunlich. Hat man den Vertrag in der Tasche, wird essen gegangen, und zwar nicht irgendwo, sondern sehr gepflegt beim feinen Japaner im 1. Bezirk, im vegetarischen Restaurant, dem Nobel-Heurigen oder im Café Schwarzenberg. Bezahlt wird selbstverständlich vom Dienstleister - schließlich wird der ein gutes Geschäft machen. Und das bleibt dann auch so: Besprechungen finden grundsätzlich im Restaurant statt und der Auftraggeber wird eingeladen.

Dass wir hier nicht über Ausnahmen sprechen, sondern über die Regel im Geschäftsleben, wird jedem klar, der aufmerksam die Zeitung liest: So wurde im Zusammenhang mit dem Bau der Allianz-Arena bei München von einem Korruptionsskandal berichtet. Die österreichische Baufirma reagierte verstört - war sie es doch gewohnt, »Beratungshonorare« zu zahlen, um sich Aufträge zu sichern. Und sie hat sich nach österreichischem Recht auch gar nichts zuschulden kommen lassen: »Bestechung im geschäftlichen Verkehr« ist in Österreich nur für den Bestochenen strafbar, nicht jedoch für den Bestecher.

Der Grünen-Politiker Peter Pilz, der sich in der Korruptionsbekämpfung einen Namen gemacht hat, erzählt: »Ich kenne kaum ein größeres Projekt in der Bauwirtschaft, bei dem die Firmen nicht durch Bestechung nachgeholfen hätten. Einmal darf sich ein Beamter, der für eine Baugenehmigung etwa für eine Autobahnbrücke zuständig ist, zwischen einem Mercedes und einem BMW entscheiden, ein anderes Mal wird einem Politiker, sofern er ein bestimmtes Bauprojekt oder die

Auftragsvergabe an eine bestimmte Firma unterstützt, das Haus fertiggebaut. Der Nächste fährt mit Freunden und Freundinnen auf Luxusurlaub. Wer weder Haus noch Auto oder Fernreise braucht, lässt sich ein paar tausend Euro in den Akt legen - oder das berühmte Kuvert in die Hand drücken.«

Noch korrupter sei nur das Militär. Eingeweihte rechneten bei jedem Kauf von Panzern oder Kampfflugzeugen mit »nützlichen Aufwendungen« zwischen 1 % und 3 % der Auftragssumme - und wenn es um eine Milliarde Euro geht, bleibt da einiges hängen, nämlich 10 bis 30 Millionen Euro. Was dem Gegenwert von drei bis zehn Schulgebäuden entspricht.

In den 90er-Jahren deckte Pilz als Wiener Gemeinderat beim Bau der U-Bahnlinie 3 eine Absprache zwischen den Anbieterfirmen auf. Als die Ausschreibung wiederholt wurde, sparte das der Stadt Wien 8 Millionen Euro. Bei einem anderen Baulos wurde bekannt, dass sich die sizilianische Mafia unter dem Deckmantel einer österreichischen Firma in den Markt gedrängt hatte. »Es hatte sich bis Sizilien herumgesprochen, dass in Wien das Geld auf der Straße und in der U-Bahn lag.«

Bloß nichts Nützliches

Die Österreicher sind Virtuosen des schönen Scheins. Ihre Produkte sind zweitrangig – es geht um die Verpackung.

In der Welt der globalisierten Wirtschaft spielt Österreich nur eine Rolle als Zulieferer für die europäischen Autofirmen - dieses Geschäft hat sich ein steirischer Selfmademan namens Franz Strohsack gesichert, der als reicher Onkel Frank Stronach aus Amerika zurückkehrte. Stronach verstand es, seine Betriebe so anzusiedeln, dass er die größtmöglichen Fördersummen von der EU und vom österreichischen Staat kassierte, und er war pfiffig genug, jede zum Verkauf stehende staatliche Firma umgehend und zu günstigen Konditionen zu erwerben.

Mitbestimmung ist dem gelernten Werkzeugmacher allerdings ein Gräuel und so versucht er, die Einrichtung von Betriebsräten durch die Aufteilung in möglichst kleine Produktionsstätten zu verhindern.

Die anderen Produkte der österreichischen Wirtschaft, die eine Erwähnung verdienen, sind Souvenirartikel und Designerdrinks. Dabei ist der Inhalt stets weniger wichtig als das erfolgreiche Marketing. Das gilt besonders für die Koffein-Brause Red Bull, ein Kampfstoff für das Überleben von Technopartys und durchgearbeiteten Nächten. Der Inhalt der silberblauen Dosen mit den beiden Stieren ist exakt der gleiche wie der von Hunderten anderen Konkurrenzprodukten. Aber Besitzer Dietrich Mateschitz hat es mit seiner ausgeklügelten Werbestrategie geschafft, Red Bull als »den« Energydrink schlechthin zu positionieren. Heute verkauft er vom Salzburger Land aus weltweit 3 Milliarden Dosen pro Jahr und hat es mit seinem Aufputschmittel zum international bewunderten Selfmade-Unternehmer und drittreichsten Österreicher gebracht.

Während es anfangs Extremsportarten, Flugwettbewerbe mit selbstgebauten Maschinen und andere verrückte Events waren, die von Red Bull gefördert wurden, um die Jugendlichkeit ihres Produkts herauszustreichen, ist die Marketingmaschine mittlerweile in der Mitte der Gesellschaft angekommen: Eine Eishockeymannschaft, zwei Formel-1-Teams und je ein Fußballverein in der österreichischen Bundesliga und in der US-Profiliga sollen zur Verbreiterung der Zielgruppe beitragen.

Das Stadion von »Red Bull Salzburg« heißt natürlich »Bullen-Arena«, das benachbarte Restaurant »Bull's Corner«, die Pressekonferenzen finden vor großen Red-Bull-Kühlboxen statt und vor der Zeitlupenwiederholung ertönt Rindergebrüll - man erwartet förmlich den Almabtrieb direkt nach dem Abpfiff. Natürlich geht es um den Stier, dessen Kraft und Energie auf die Konsumenten des Energydrinks (durch das darin enthaltene Taurin) übergehen soll.

Obwohl es sich um ein vollsynthetisches Produkt handelt, wird das Gerücht mit den Stierhoden, aus denen einer der Rohstoffe stammen soll, gerne weitererzählt. Kein Wunder, dass die Ösis in Europa immer noch die mit den Lederhosen sind, wenn es um die karikaturhafte Darstellung der Mitgliedsländer geht: Mit diesem Image verkaufen sie ja ihre Produkte ins Ausland.

Ein schönes Beispiel ist das Paar in Trachtenanzug und Tanzstellung, das auf den durchsichtigen »Almdudler«-Flaschen zu sehen ist. Die Sennerin und der Schilehrer, sie im Dirndl mit karierter Bluse, er braungebrannt mit blondem Schopf - das sind die Protagonisten der Werbung für die urinfarbene Limonade, die es bis vor kurzer Zeit nur in Österreich gab.

Deshalb wird sie mit dem heimatverbundenen Slogan »Wenn's kan Almdudler hab'n, geh' i wieder ham!« beworben. Die Entdeckung Amerikas, die Erstbesteigung des Mt. Everest, der erste Mondflug - all diese weltbewegenden Ereignisse hätten den Ruhm des Alpenlandes mehren können. Aber leider sind die Ösis immer kurz vorher
umgekehrt, weil es ihr Nationalgetränk dort nicht gab.

Ob diese Werbung das Land sympathisch macht? Es scheint auf jeden Fall genügend Anhänger der Mir-san-mir-Ideologie zu geben, sonst wäre das Getränk nicht so beliebt. Nicht umsonst ist der Limonadenhersteller einer der Sponsoren des »Musikantenstadls«. Und jetzt naht Rettung für die Diaspora: Endlich steht die »Alpenlimonade« auch in deutschen Kühlregalen, und die Alpenfans können das angebliche Urlaubsfeeling auch zu Hause kaufen.

Klar: Souvenirs gibt es in allen Ländern, von Strohhut, Muscheln und Fischernetz über die Miniaturausgabe des schiefen Turms von Pisa bis zu den T-Shirts mit dem Schriftzug »Ich bin ein Berliner«. Aber in keinem entwickelten Industrieland besteht die Volkswirtschaft zu einem so großen Anteil in der Produktion von Süßigkeiten und Mitbringseln. Während die Mannerschnitten (mit dem Stephansdom als Logo) eher was für Nostalgiker und Exilanten sind, werden die in allen Varianten erzeugten Pez-Spender von groß gewordenen Kindern gesammelt. Fällt ein Sammler der alten Serien einem geschäftstüchtigen Altwarenhändler in die Hände, kann er in wenigen Minuten sein gesamtes Urlaubsbudget für die Plastikköpfe ausgeben.

Ein anderes Paradebeispiel für die perfekte Verbindung von Schein und Geschäft ist die Schneekugel. Die hat der Wiener Erwin Perzy 1900 zufällig erfunden - eigentlich wollte er eine gebündelte Lichtquelle für Operationen erzeugen. Ein Bekannter, der im Wallfahrtsort Mariazell mit Devotionalien handelte, erkannte die Vermarktungsmöglichkeiten und verkaufte die Kugeln - mit einem Bild der Kirche drin. Wurde damals der Schneefall mit Gries simuliert, so dient heute eine Legierung aus Hartwachs und Magnesium zur Erzeugung dieses Phänomens. Die Formel ist streng geheim und wird von Erwin Perzy III. eines Tages an seine Tochter weitergegeben - wenn sie die Firma übernimmt.

Etwa zwei Minuten lang schneit es in der Kugel, malerisch und völlig gleichmäßig sinken die weißen Flocken zu Boden. Das ist wichtig, sagt der Firmenchef, und macht den Unterschied zu billigen Imitationen aus Fernost aus, ebenso das Material: Natürlich sind die Kuppeln aus Glas und nicht aus billigem Plastik. Größter Abnehmer sind die USA. Die Kunden aus den Staaten bestellen meist individuelle Modelle, hergestellt wird (fast) alles, nur Gewalt ist verpönt. Jährlich gehen fast 300.000 Kugeln in Produktion, eine größere Lieferung ging zuletzt an das Unterrichtsministerium des Emirats Dubai - um den Kinder dort zu zeigen, wie es aussieht, wenn es schneit.

Doch zurück zu den Süßigkeiten: Allein von den Mozartkugeln werden jährlich mehr als eine halbe Milliarde weltweit gegessen. Und das Mozartjahr 2006 war natürlich ein Segen für die Hersteller. Der Markt ist heiß umkämpft - und wie bei jedem Produkt, das sich hauptsächlich über das Marketing verkauft, gibt es Streit um das »Original«. So ist die Firma Mirabell (eine Tochterfirma des Lebensmittelmultis Kraft Food Inc.), die über 90 Millionen Stück pro Jahr herstellt, der Meinung, nur ihre »Echte Salzburger Mozartkugel« (Marzipankern mit Doppel-Nougatmantel) sei die wahre.

Der größte Konkurrent sitzt jenseits der Grenze, in Bad Reichenhall. Hier wird die »Echte Reber Mozartkugel« (Nougatkern in Marzipanmantel) hergestellt - 500.000 Stück am Tag. Im Reber-Café hängen Geigen an den Wänden, und am Eingang steht ein mit Goldlack besprühter Flügel, aus dem Mozartkugeln quellen. Rot-golden leuchten die Straßen von der Reber-Werbung - der ganze Ort gleicht einem Mozart-Themenpark. Und Reber drängt nach Salzburg. Schon hat er zwei Verkaufsstellen in der Stadt und trat noch dazu als Sponsor der Ausstellung »Viva! Mozart« im Jubiläumsjahr auf, dem Prestigeprojekt der Stadt Salzburg.

Dort gibt es aber auch noch die Konditorei Fürst, die die »Original Salzburger Mozartkugeln« erzeugt (Marzipankern mit einfachem Nougatmantel). Die zehn Mitarbeiter erzeugen 1,5 Millionen Kugeln im Jahr - in Handarbeit. Der Urgroßvater des Besitzers erfand die Schokoladenpreziose 1890, ließ das Rezept aber nicht schützen. Der Erbe tröstet sich damit, dass er heute nicht so viel damit verdienen würde, wenn die Mozartkugel nicht hundertmillionenfach maschinell produziert würde und dadurch weltbekannt geworden wäre.

Die Fürst-Kugeln sind silbern und werden ohne Mozartporträt verkauft - in vier Geschäften in Salzburg, die wie Juwelierläden aussehen. Und nur Fürst darf seine »original« nennen, das hat ihm ein Gericht bestätigt, als er die Firma Nestlé verklagte, die eine »Original Austria Mozartkugel« auf den Markt bringen wollte.

Auch in Wien gehen die Widersacher vor Gericht, wenn es nicht anders geht: Um die »Original Sacher Torte« tobte in den 1950er-Jahren ein 7-jähriger »Tortenkrieg« zwischen dem Café Demel und dem Hotel Sacher, wer denn nun die richtige Torte herstelle und sie auch so nennen dürfe. Es ging dabei nicht nur um das Copyright für den Namen, sondern auch um das einzig »richtige Rezept«. Zum Streit kam es, weil der 16-jährige Kochlehrling Franz Sacher, der bei Fürst Metternich diente, sie angeblich erfunden hat, sein Sohn Eduard sie aber in Dienste des k.u.k. Hofzuckerbäckers Demel verfeinert hat. Weil der selige Eduard aber später das Restaurant und Hotel Sacher gründete, hat dasselbe auch gewonnen - der Konkurrent darf seine jetzt nur noch »Demels Sachertorte« nennen.

Adolf wer?

Vorsicht, »Feschisten«:
Die Österreicher haben sich nichts zuschulden kommen lassen - und gehen deshalb ganz unverkrampft mit Hitler und Haider um.

Wenn die jüngere Vergangenheit im Geschichtsunterricht überhaupt vorkommt, dann ist von den »dunklen Jahren« die Rede, von der »Leidenszeit« des österreichischen Volkes und der »Versöhnung auf der Lagerstraße«. Der Inhalt der Legende: Sozialdemokraten und Christlichsoziale konnten sich nicht auf eine gemeinsame Vorgehensweise gegen die Nationalsozialisten einigen, deswegen hatte Hitler 1938 leichtes Spiel und annektierte das Land ohne viel Federlesens. Später, als sie gemeinsam im Konzentrationslager inhaftiert waren, erkannten die Politiker der Ersten Republik ihren Fehler und versprachen einander, in Zukunft gemeinsam für das Wohl des Landes zu sorgen.

Unter den Teppich gekehrt wird der Bürgerkrieg des Februar 1934, in dem die Armee gemeinsam mit der paramilitärischen, rechtsgerichteten Heimwehr den im sozialdemokratischen Schutzbund organisierten wehrhaften Teil der Arbeiterschaft in die Knie gezwungen hatte. Der christlichsoziale Kanzler Dollfuß errichtete einen »Ständestaat«, dessen ideologische Grundlagen weniger katholisch als offen faschistisch waren. Er bemühte sich um den außenpolitischen Schulterschluss mit Mussolini und trieb die arbeitslosen Massen in die Hände der (in Österreich verbotenen) Nationalsozialistischen Partei. 1938 bejubelten Hunderttausende am Wiener Heldenplatz den Einmarsch der deutschen Truppen. Es war eine Heimkehr, keine Eroberung.

Später war natürlich keiner dabei gewesen. Zum Glück hatten die Sowjetunion, Großbritannien und die USA in der »Moskauer Deklaration« (1943) festgestellt, dass Österreich »als erstes freies Land ein Opfer« der nationalsozialistischen Aggression geworden war. So wurde die Legende vom Überfall zur Gründungslüge der Zweiten Republik.

Und obwohl alle nur vom »Zusammenbruch« sprachen und niemand das Wort »Befreiung« in den Mund nahm,

hieß es in der Unabhängigkeitserklärung vom April 1945, Hitler habe »das macht- und willenlos gemachte Volk Österreichs in seinen sinn- und aussichtslosen Eroberungskrieg geführt (...), den kein Österreicher jemals gewollt hat«. Und plötzlich wollte die Mehrheit der Bevölkerung nichts mehr mit Deutschland zu tun haben - sogar das Schulfach »Deutsch« wurde umbenannt in »Unterrichtssprache«.

Der Trick, sich selbst zum Opfer zu erklären, funktionierte sehr gut: Bis in die 80er-Jahre, als die Wahl von Kurt Waldheim zum Bundespräsidenten eine internationale Diskussion über Österreichs Rolle im Dritten Reich entfachte, hatte man es immer genossen, Österreicher zu sein. Wer auf Reisen als Deutschsprechender auffiel und von Italienern, Franzosen oder Holländern zu seiner Herkunft befragt wurde, konnte stolz erzählen, kein Deutscher, sondern Österreicher zu sein. Mit dem Einzug des früheren Wehrmachtsoffiziers Waldheim (»Ich habe im Krieg nichts anderes getan als Hunderttausende Österreicher auch, nämlich meine Pflicht als Soldat erfüllt.«) in die Hofburg verwandelte sich der Bonus in einen offensichtlichen Malus.

Willy Brandt hatte die Schuld der Deutschen am Holocaust und an Hitlers Expansionspolitik öffentlich bekannt und sich bei den Betroffenen und ihren Nachkommen entschuldigt - während der SPÖ-Kanzler und Jude Bruno Kreisky den FPÖ-Vorsitzenden Friedrich Peter gegen den Nazijäger Simon Wiesenthal verteidigte, nachdem der herausgefunden hatte, dass Peter Mitglied einer SS-Abteilung gewesen war, die im besetzten Serbien gezielt Partisanen ermordet hatte. Auch wenn Kreisky das Verhalten Peters während des Dritten Reichs niemals gutgeheißen hat, ist er doch mitverantwortlich für den Aufstieg der FPÖ, die er bewusst förderte, um das bürgerliche Lager auf Dauer zu spalten und die sozialdemokratische Mehrheit abzusichern - eine Strategie, die bis ins Jahr 2000 erfolgreich war.

Dann stand Österreich erneut im Zentrum des europäischen Interesses, als die Mitte-Rechts-Regierung unter Beteiligung der FPÖ Jörg Haiders gebildet wurde. »La valse brune« (Der braune Walzer) titelte die französische *Libération*, und der belgische Außenminister Louis Michel rief zum Boykott der österreichischen Schipisten auf. Haider plädierte im Gegenzug für die strafrechtliche Verfolgung heimischer Politiker, die sich für die Boykottmaßnahmen aussprachen.

Von der neuen Regierung waren in Sachen Vergangenheitsbewältigung sogleich andere Töne zu hören: »Die ständige Beschäftigung mit dem Gestern und das ewige Sich-im-Kreis-Drehen ist den Deutschen durchaus eigen. Der Österreicher hat eine andere Mentalität«, sagte Haider. Und Wolfgang Schüssel, Kanzler des katholisch-nationalen Lagers, sekundierte: »Ich werde nie zulassen, dass man Österreich nicht als Opfer sieht. Das Land war in seiner Identität das erste militärische Opfer der Nazis.« Sonderbar nur, dass alljährlich nicht etwa die Befreiung von der Nazi-Herrschaft gefeiert wird, sondern der Abzug der alliierten Truppen 1955.

Sosehr Österreich faktisch noch immer mit der Bewältigung seiner Nazi-Vergangenheit beschäftigt ist, so wenig lässt sich jedoch der politische Aufstieg von Jörg Haider einzig und allein damit erklären. Die kruden Weltverschwörungstheorien aus der nationalsozialistischen Schule, die Haider in seinem Elternhaus aufgetischt bekam, haben ihn sicherlich geprägt - vor allem aber ist er der exemplarische Vertreter einer Politik, die sich ausschließlich an den Wünschen und Projektionen der potenziellen Wähler orientiert.

Die Kandidatur von »Quereinsteigern«, vor allem Sportlern, für die FPÖ zeigte, dass eine Karriere in der Haider-Partei - abgesehen vom Konsens bezüglich der diffusen Ablehnung der »etablierten Politik« - vor allem durch jugendliches Aussehen, modische Kleidung und sportliche Posen begünstigt wurde. Der österreichische Journalist Armin Thurnher hat für diese spezielle Art von Politakteuren den Ausdruck »Feschisten« erfunden.

Dieser maskuline »Feschismus« agiert nach der Maxime: Nützlich ist, was Aufmerksamkeit erregt und vermehrt. Dabei spielt es im Sinne alter Werbeweisheit meist keine Rolle, ob negative oder positive Schlagzeilen provoziert werden. Aufmerksamkeit ist ein moralisch weitgehend neutrales Kapital: Was in zehntausendfacher Auflage auf dem Zeitschriftencover zu sehen ist, prägt die Sicht auf die Welt. Jörg Haider war lange Zeit der perfekte Avatar: eine Person, die ihr Image aus Erwartungen und Projektionen komponiert.

Seine latente »Unheimlichkeit« ergab sich vor allem aus der Unmöglichkeit, ihn mit inhaltlichen Fragen zu konfrontieren. Die Suche nach dem »wahren Selbst« blieb ergebnislos, die Frage nach der Ideologie führte ins Leere – dies musste auch der geübte Moderator Erich Böhme zur Kenntnis nehmen, als er Jörg Haider bei seinem »Talk im Turm« entlarven wollte.

Ein Avatar kann selbst nicht sagen, wer er ist; er weiß nur, wie viele Menschen ihn »mitkonstruiert« und gewählt haben. Aber jeder erfolgreiche Populismus verdankt sich enormer Anstrengungen und technischer Investitionen. Haider hat nicht nur Videos von Auftritten des SPÖ-Kanzlers Bruno Kreisky intensiv studiert, sondern auch als Erster die technischen Möglichkeiten zur Vorbereitung, Analyse und Unterstützung von Wahlkämpfen voll ausgeschöpft. Informationstechnische Beschleunigung war das Geheimnis seines Erfolgs. Haiders Strategen haben von der modernen Technik früh und umfassend Gebrauch gemacht: Handys, mit denen sie zwischen den Wahlkampfauftritten aktuelle Informationen austauschten, und Computer in den

Autos, die über Datenbanken und Netzanschlüsse verfügten.

Mittlerweile aber kommt der »schöne Jörg« ins gesetztere Alter - vorbei die Zeiten, als er sich für Frauenmagazine mit nacktem Oberkörper fotografieren ließ und beim New York Marathon vorne mitlief. Sein Nachfolger als Shootingstar der rechten Szene, Heinz-Christian Strache, wirbt in Jeans und Sakko für seine »ehrliche Politik«. Und kommt damit bei Wiens Arbeitern auf jeden Fall besser an als der Landeshauptmann in Kärntner Tracht.

Zugereiste und Angepasste

Die Österreicher sind flexibel:
In kürzester Zeit werden die Einwanderer zu Ausländerhassern.

Fremde werden in Österreich freundlich empfangen - jedenfalls solange es sich um Feriengäste, Politiker oder Wirtschaftstreibende handelt, von denen man sich etwas verspricht. Denn wenn er reich ist, gilt der Fremde in Österreich mehr als der Einheimische. Oder auch, wenn er vorgibt reich zu sein. Die Geschichten über internationale Hochstapler und Subventionsbetrüger, die sich im devoten Österreich bedient haben, sind weit verbreitet.

Kommt ein Einheimischer mit einer Geschäftsidee, wird er gleich abgewimmelt. Er ist im Ort bekannt, keiner traut ihm was zu. Aber kaum fährt einer im BMW Z3 vor und wackelt mit seinem Goldkettchen, wird er stante pede von den Honoratioren empfangen und mit Geldmitteln ausgestattet, die der heimische Handwerksbetrieb auch nach Jahrzehnten nicht bewilligt bekommt.

Auch für die Erledigung niederer Arbeiten sind die Fremden willkommen. Wer will schon als Haushaltshilfe, Kindermädchen, Müllmann oder Kellner sein Geld verdienen? Oder den Feriengästen am Schilift den Bügel unter den Hintern schieben? Dafür ist sich der Tiroler schon immer zu schade gewesen. Beschäftigte er früher Italiener oder Jugoslawen, so ist die Fremdenverkehrswirtschaft heute fest in der Hand der auswanderungswilligen Sachsen, die zwar einen eigenartigen Akzent ins Spiel bringen, aber: Sie sprechen deutsch!

Und dass jetzt sogar Deutsche in niedrigeren Positionen arbeiten, bereitet den Österreichern ein besonderes Gefühl der Überlegenheit.

Sie sind stolz, dass die österreichische Wirtschaft boomt und die arbeitslosen Ossis zu ihnen zum Arbeiten kommen. Die Zahl der deutschen Arbeitsemigranten, die im Alpenland tätig sind, hat sich von 2003 bis 2007 verdoppelt - auf über 60.000. (→ »Verfreundete Nachbarn«)

Die Einwanderer aus den südlichen und östlichen Nachbarländern wohnen meist in Wien, wo sie vor allem auf dem Bau, im Gastgewerbe sowie in kleineren Handwerksbetrieben und Dienstleistungsunternehmen derjenigen Bezirke arbeiten, wo auch die meisten Ausländer leben. Ihr Anteil an der Bevölkerung der Hauptstadt beträgt etwa 16 % - und in Wien lebt ein Fünftel der Einwohner Österreichs.

Nahezu die Hälfte der Ausländer stammt aus dem ehemaligen Jugoslawien, die anderen großen Einwanderergruppen stellen Türken und Polen. Viele von ihnen leben seit Jahrzehnten in Österreich, zahlen Steuern und verrichten all jene Arbeiten, für die sich die Österreicher zu schade sind. Nehmen sie jedoch auch die Leistungen in Anspruch, die ihnen zustehen - Arbeitslosengeld, Sozialhilfe und Kindergeld -, werden sie als »Sozialschmarotzer« denunziert.

Presseberichte über Drogenhandel und Schwarzarbeit tragen dazu bei, die Vorurteile gegen die Einwanderer zu schüren und ihnen die Schuld an der eigenen Verelendung (bzw. der Furcht davor) anzulasten. Besonders die bei den älteren, konservativen Lesern und Leserinnen beliebte *Kronenzeitung* würzt ihr tägliches Potpourri

hausgemachter Nachrichten gerne mit Berichten über »Asylanten«, »Wirtschaftsflüchtlinge«, »Ostmafia« und »Sozialschmarotzer«.

Besonders absurd liest sich diese Ansammlung des »gesunden Volksempfindens« für den unvoreingenommenen Beobachter dann, wenn er die Zeitung von einem der Kolporteure kauft, deren fremdländische Herkunft oft schon am Turban erkennbar ist. Die ausländerfeindliche FPÖ greift alle diese Berichte - egal, ob wahr oder erfunden - gerne auf und tritt dann mit Slogans wie »Wien darf nicht Chicago werden« oder »Daham statt Islam« zur Wahl an.

Das verbreitete Ressentiment den »Tschuschen« gegenüber ist umso erstaunlicher, als die meisten Einwohner Wiens selbst von früheren Einwanderern abstammen. So kamen die Lastenträger und Erbauer der Wiener

Ringstraße aus dem Königreich Serbien und Montenegro, »Ziegelbehm« wurden die tschechischen Maurer aus Böhmen genannt und die Bediensteten in den Wiener bürgerlichen Haushalten stammten allesamt aus den slawischen Kronländern des Reiches, von wo sie auch die Knödel, den Powidl und das Gulasch mitbrachten.

Der Schriftsteller Milo Dor, der sich selbst als »alteingesessenen Tschuschen« (= Ausländer) bezeichnet, versucht sich an einer Erklärung des Wortes: Russisch heißt so ein Fremder, auf Serbokroatisch heißt es so viel wie »Hörst du?« Das haben sich angeblich die eingewanderten Arbeiter zugerufen, um einander auf die Anordnungen ihrer Aufseher aufmerksam zu machen.

So wie alle anderen Kommentatoren, die sich in Österreich selbst mit dem Thema beschäftigen, sieht er die Ursache der »ambivalenten Haltung« gegenüber den Zugereisten in der Überanpassung des früher Eingewanderten, im Sich-Einrichten in den Verhältnissen: »Seine gerühmte Liebenswürdigkeit kaschiert nur eine abgrundtiefe Gleichgültigkeit dem Schicksal der anderen gegenüber. Ich habe nach langem Suchen endlich ein warmes Platzerl in einer windstillen Ecke gefunden, alles andere ist mir Wurscht. Das erstrebenswerteste Ziel aller Österreicher ist, dieser Devise entsprechend, Staatsbeamter zu werden.«

Daher werden die Neuankömmlinge aus der früheren Heimat einerseits beneidet, weil sie noch einen Hauch von Freiheit ausstrahlen, und andererseits verachtet, weil sie stören, wenn sie mit ihren »Tschuschenkoffern« vor der Tür stehen – so werden die Plastiksackerln (Tüten) genannt, in denen die Gastarbeiter oft ihre Habseligkeiten transportieren.

Wie absurd dieses Verhalten ist, wird deutlich, wenn man hört, wie der Hr. Navratil oder die Fr. Zawril sich über die »Tschuschen« beschweren. Es sind ausgerechnet die Kinder und Kindeskinder der Ausländer, die sich als die größten Feinde der Nachzügler herausstellen. Ihren Verwandten, die einige Generationen später auf dieselbe Idee verfallen, nämlich ein besseres Leben in der Fremde zu suchen, begegnen sie nicht mit Hilfsbereitschaft, sondern mit Hass und Verachtung.

Sie haben ihre Lektion wohl gelernt und es gibt die absurdesten Geschichten, die in diesem Zusammenhang erzählt werden. Zum Beispiel die von den Kratochvils in Wien, die das Porzellan und die Damastdecken in die Schubladen packten und sich von den Kratochvils aus Pressburg (Bratislava) ins Gasthaus einladen ließen, nur um den Daheimgebliebenen vorzugaukeln, wie schlecht es ihnen in Österreich angeblich ginge. Waren die Cousins und Cousinen abgereist, wurde das Silberbesteck aufgedeckt und ein Braten in die Röhre geschoben.

»Wir sind Kirche«

Die Österreicher sind gläubig.
Und die Kirche weiß um ihre Macht.

Diskutiert das österreichische Parlament über die Sozialhilfe, wird ein Asylbewerber von einem Polizisten verprügelt oder wird ein Ausschuss zur Untersuchung von Spendengeldern eingesetzt, dann werden als Erste die Funktionäre der Caritas befragt. Gibt das Unterrichtsministerium eine neue Broschüre zur Sexualerziehung in den Schulen heraus oder wird über die Ausbildung der Krankenschwestern beraten, so wird als Erstes die Meinung der katholischen Kirche eingeholt. Nicht nur in ethischen, sondern auch in sozialen oder gesundheitspolitischen Fragen legt man im Alpenland großen Wert auf die Meinung der Vertreter Gottes auf Erden. Denn von den 8 Millionen Österreichern sind 6 Millionen katholisch.

Das ist aber bei weitem nicht der einzige Grund fur die Bedeutung der Kirche. Sie betreibt eine Vielzahl sozialer Einrichtungen, sie sammelt Spenden und versorgt die Ärmsten und die Rechtlosen mit dem Lebensnotwendigen - die Obdachlosen mit einer warmen Mahlzeit und einem Bett oder die Asylbewerber mit einem Rechtsanwalt. Das Gesundheitssystem ist von den (katholischen) Krankenschwestern abhängig, und die angesehensten Privatschulen werden von Angestellten der katholischen Kirche geführt. So erscheint es den meisten Östereichern nur logisch, dass die »Kirchensteuer« einfach vom Lohn abgezogen wird - und zwar allen Angestellten, es sei denn, sie verweigern dies durch ihren Kirchenaustritt. Dass diese Verquickung von Staat und Kirche ein Erbe des Nationalsozialismus ist, muss einen heutzutage ja nicht mehr kümmern.

Als die Vereinigung der Steuerzahler vor einigen Jahren Zweifel an der Sinnhaftigkeit der Kirchensteuer anmeldete, erklärten die Bischöfe ihren Schäfchen, wie viele wohltätige Werke die katholische Kirche doch für die Armen und Kranken vollbringe und wie viele Baudenkmäler sie im ganzen Lande pflegen würde.

Mit den eigentlichen Problemen, die die praktizierenden Christen beschäftigen, haben diese frommen Worte aber nichts zu tun: Jahrhundertelang haben die Gläubigen ihren Ungehorsam sorgsam zwischen Staat und Kirche aufgeteilt und es verstanden, sich die Freude am Leben weder vom Pfaffen noch vom Grafen verderben zu lassen. Dem Pfarrer war es recht, solange er sein Auskommen hatte, und er machte den Bauern keine Vorschriften, wie sie ihr Leben gestalten sollten, solange sich alles im häuslichen Rahmen abspielte.

Doch seit sich die Kirche in die Familienplanung einmischt und den Leuten den Spaß an der Freud' verderben möchte, hat sie sich viele Sympathien bei den Gläubigen verscherzt, vor allem in Österreich. Nach dem Amtsantritt von Johannes Paul II. wurde ein reaktionärer Bischof nach dem anderen ernannt - eine Praxis, die sich nicht nur als ineffizient, sondern sogar als kontraproduktiv erweisen sollte.

Dies wurde spätestens klar, als der Erzbischof von Wien, Hermann Groer, beschuldigt wurde, während seiner Zeit als Lehrer im Priesterseminar Hollabrunn Schüler sexuell belästigt zu haben. Die anfänglichen Beschwichtigungen nach dem Motto »Was nicht sein darf, kann auch nicht sein« riefen nur weitere Zeugen auf den Plan und bewirkten schließlich die Versetzung Groers in ein deutsches Kloster.

Ein weiterer Sexskandal, diesmal in der Diözese St. Pölten, erzwang schließlich die Emeritierung des umstrittenen Bischofs Kurt Krenn. Die konservativen und restaurativen Kreise in Österreich, die Groer und Krenn im Zuge einer von langer Hand vorbereiteten kirchenpolitischen Rechtswende auf den Schild gehoben und bis zuletzt verteidigt hatten, waren diskreditiert.

Als Gegenreaktion entstand die reformkatholische Strömung »Wir sind Kirche«. Mehr als 500.000 praktizierende Christen haben einen Aufruf unterschrieben, der die Mitbestimmung der Laien bei der Ernennung von Bischöfen fordert, für die Ernennung weiblicher Priester und gegen das Zölibat eintritt und eine »positive Bewertung« der Sexualität durch die Kirche verlangt. Die Auswirkungen dieses Zerfalls der kirchlichen Einheit lassen sich in Zahlen fassen: Im Jahrzehnt zwischen 1996 und 2006 ist die Gesamtzahl der Katholiken in Österreich um 10 % gesunken, in Wien liegt ihr Anteil erstmals unter 50 %.

Doch das hindert die Hardliner nicht daran, ihre Vorstellungen vom rechten Glauben zu verkünden. Und die Politik macht fleißig mit. So veranstalteten Politiker der ÖVP nach der offiziellen Beendigung der Anti-Haider-

Sanktionen der EU eine Wallfahrt in den Gnadenort Mariazell. Der ÖVP-Theoretiker Andreas Khol will die katholische Religion in der Verfassung verankern, und Jörg Haider pflegt seine Männerfreundschaft mit dem reaktionären Bischof Kurt Krenn - was ihm in der eigenen Partei nicht nur Sympathien eingetragen hat; sind die Freiheitlichen doch in alter Burschenschafter-Tradition streng antiklerikal eingestellt.

Andreas Khol war auch anwesend, als der letzte österreichische Kaiser, Karl I., von Papst Johannes Paul II. im Oktober 2004 seliggesprochen wurde - nach Meinung vieler Kommentatoren nicht nur eine monarchistische Aufwallung, sondern auch ein Zeichen für die »Neu-Evangelisierung Europas«: Mit dem letzten Habsburger-Kaiser wurde ein Vertreter des politischen Katholizismus

seliggesprochen. Voraussetzung dafür ist das sogenannte »Krampfadern-Wunder«: Im Jahr 1960 soll eine in Brasilien tätige polnische Nonne nach Gebeten zu Karl auf wissenschaftlich nicht erklärbare Weise von einem langwierigen Beinleiden geheilt worden sein.

An der Zeremonie nahmen neben sämtlichen Mitgliedern des Hauses Habsburg auch die österreichische Gesundheitsministerin und der Tiroler Landeshauptmann teil. Es war der Höhepunkt der Wiederannäherung, sozusagen die Eucharistiefeier zwischen Staat und Kirche nach langen Jahren des Zerwürfnisses während der sozialdemokratischen Regierungen in Österreich.

Bruno Kreisky hatte in den 70er-Jahren dafür gesorgt, dass der Schwangerschaftsabbruch in den ersten drei Monaten ohne Strafe möglich wurde, und sich damit die ewige Feindschaft der katholischen Kirche zugezogen.

Die »Aktion Leben« wurde gegründet, deren Geschäftszweck es war, den Katholiken die ewige Verdammnis zu verkünden, wenn sie nicht gegen dieses Gesetz, die sogenannte »Fristenlösung« vorgingen. Letztlich vergeblich wurde ein Volksbegehren gestartet, das von über einer Million Gläubigen unterschrieben wurde.

Allerdings ist es bis heute fast unmöglich, tatsächlich eine Abtreibung vornehmen zu lassen, jedenfalls außerhalb von Wien: Der Einfluss der Kirche in den Bundesländern ist so groß, dass die Ärzte es nicht wagen, sich dem Druck zu widersetzen und den Frauen in ihrer Not beizustehen. In der Bundeshauptstadt gibt es eine Klinik, die sich auf diesen traurigen Zweig der medizinischen Hilfe spezialisiert hat und die von Schwangeren aus den Bundesländern aufgesucht wird, die sich nicht in der Lage sehen, ihr Kind auszutragen. Die makabre Adresse dieser Klinik vergisst wohl keine der Frauen: Fleischmarkt 6.

GEOGRAFIE UND TRINKGELD

»Schauen Sie doch wieder mal vorbei ...«

Österreich liegt in der Mitte Europas – hier kommt keiner durch, ohne zu bezahlen.

Was aus Österreich geworden wäre, läge es nicht mitten in Europa, kann man sich leicht ausmalen: ein wirtschaftlich und kulturell zurückgebliebenes kleines Land in den Bergen, mit selbstzufriedenen Bauern und weltfremden Schriftstellern, die ihre Inspiration in der sie umgebenden Natur und in der glorreichen Historie suchen. Ein Geschichtspark, den man aus Nostalgiegründen besucht – um sich mal kurz zu gruseln und dann wieder in den Alltag zurückzukehren. Eine Sackgasse des weitverzweigten europäischen Autobahnnetzes. Kurz: eine Art Molwanien.

Aber nein, mitten auf dem Kontinent hat es sich festgesetzt, das notorisch unzufriedene Völkchen. Da liegt sie nun, die Alpenrepublik, genau zwischen Deutschland im Norden und Italien im Süden. Und wie wir alle wissen, hält es das Gros der Deutschen mit Goethe und will nach

Italien, ans Meer, um sich an der Renaissancekultur (und am Mittelmeer) zu erfreuen. Oder wenigstens, um Prosciutto zu kaufen und Prosecco zu schlürfen.

Doch dazwischen liegt Österreich. Ein Wegelagerer, der sich an der Sehnsucht der Italienreisenden labt, indem er Durchgangsgebühren von ihnen kassiert. Der den Freiheitsdrang des deutschen Urlaubsvolkes blockiert. Der Mautgebühren von ihm erpresst, die Jahr für Jahr exponentiell steigen. Denn wer an den Gardasee, in die Cinque Terre oder nach Rom will, muss über die Brenner-Autobahn fahren.

Und wer auf dem Trail über die Alpen liegenbleibt, fördert zwangsweise den österreichischen Fremdenverkehr. Manche tun im Nachhinein so, als hätten sie das schon vorher geplant, aber ich kenne keinen Italien-Freak, der im Februar erzählt: »Diesen Sommer machen wir auf der Fahrt nach Umbrien mal ein paar Tage in Österreich halt und spannen aus.«

Wieso eigentlich nicht? Wohl deshalb, weil noch jeder, der dort unterwürfig mit »Küss die Hand, gnä' Frau« und »Gschamster Diener« empfangen wurde, mit dem Eindruck zurückgekehrt ist, die vordergründige Freundlichkeit diene nur dem großzügigen Handaufhalten - für Auf- und Zuschläge, Sonder- und Nachttarife, Kurtaxe und das (als selbstverständlich angesehene) Trinkgeld.

Die Österreicher verfügen über eine große Tradition in Sachen Im-Weg-Stehen. So haben die Unglücksraben seinerzeit schon die Türken davon abgehalten, sich in homöopathischen Dosen über Europa zu verteilen - statt einen explosiven eigenen Staat zu gründen, der die EU noch das Fürchten lehren wird. Immerhin waren sie so schlau, ihnen den Kaffee zu klauen und aller Welt als österreichische Erfindung zu verkaufen.

Highlife auf dem Mittelstreifen

Österreichs Metropole lädt ein - wozu eigentlich?

Im Marketing sind sie verdammt gut, die Österreicher. Sie gaukeln einem vor, dass man bei ihnen willkommen ist; gerne wird man aufgenommen, wenn man in Wien arbeitet. Denn hier gibt es die idealen Voraussetzungen für die wirtschaftliche Expansion in die neuen Mitgliedsstaaten der EU.

Die Einladung ist nicht uneigennützig - auch die Einheimischen profitieren von der Ansiedlung neuer Unternehmen. Trotz niedriger Steuersätze bleibt noch genug im Netz des Finanzamts hängen.

Damit der Boom anhält, wird man nicht müde, die Vorteile der Donaumetropole herauszustellen: Hier sind nicht nur die infrastrukturellen Voraussetzungen für ein effektives Management gegeben, sondern auch das Kulturangebot ist ein Anreiz für ausländische Führungskräfte, hier zu arbeiten. Die Stadt hat sich in den Jahren seit dem Fall der Mauer zu einer quicklebendigen Metropole entwickelt, in der die ganze Palette von Freizeitangeboten vorhanden ist: vom Theater- und Museumsbesuch über die hippen Lokale am Gürtel bis zu den Konzerten internationaler Showgrößen.

Auf der Donauinsel treffen sich während der Sommermonate Wiener und Touristen zum Schwimmen und Sonnenbaden. Mitten in der Stadt können sie hier Fahrrad fahren, ungestört von Autofahrern kilometerweit mit Rollerblades unterwegs sein, der Freikörperkultur anhängen oder ein Grillfest veranstalten. Abends geht es dann in die »Copa Kagrana« zum Tanzen. Und nach einem halben Dutzend Caipirinhas kann man zum Preis von einem Euro fünfzig mit der U-Bahn nach Hause fahren.

Das verspricht zumindest die Werbung (»Wien ist anders«) - aber die Realität sieht anders aus: Studenten, Arbeitslose, Schüler und andere Vertreter der nicht arbeitenden Bevölkerung haben die attraktiven Liegeplätze auf der Donauinsel bereits in Besitz genommen, wenn sich der Abkühlung suchende Abteilungsleiter auf die Suche nach einem freien Plätzchen für sein Handtuch macht. Dem hungrigen Angestellten, der sich seit Stunden auf den Sprung ins Wasser gefreut hat, steigt der Geruch der Grillwürstchen in die Nase, Hunde toben auf dem Rasen und hindern ihn am Schwimmen, Kleinkinder brüllen und die Wasserqualität lässt bereits Mitte Juli schwer zu wünschen übrig.

Die viel zitierten »Szenelokale mit Strandfeeling« sind weit entfernt. Ihren gewissen Flair erlangt die »Partymeile direkt am Wasser« auch erst später - wenn der Schnaps seine Wirkung getan hat. Dann allerdings lohnt es sich nicht mehr, hier herumzustehen. Wenn es dunkel wird und der kühle Abendwind aufkommt, kann man sich langsam wieder in die engen Straßenschluchten wagen, in denen sich tagsüber die Luft staut und die Hitze Beklemmungen verursacht.

Wer sich zu später Abendstunde in eines der angesagten Lokale am Gürtel begibt, wird sich fragen, worauf sich die Attraktivität und internationale Bekanntheit dieser Kneipen gründet. Steht man im von Rauchschwaden erfüllten Inneren der Lokale, so spürt man in regelmäßigen Abständen ein Vibrieren im Bauch, das nicht von den Bässen im Soundmischmasch herrührt, sondern von der U6, die hier auf dem ehemaligen Stadtbahngleis über die Köpfe der Anwesenden donnert.

Geht man ins Freie, um frische Luft zu schnappen oder sich zu unterhalten, wird man feststellen, dass man sich auf dem Mittelstreifen der meistbefahrenen Straße von Wien befindet: 3 Spuren links, 3 Spuren rechts, das ist der »Gürtel«, eine Schnellstraße, die rund um die Innenstadtbezirke führt und auf der auch

um zwei Uhr morgens noch so viele Autos unterwegs sind, dass eine Unterhaltung in normaler Lautstärke unmöglich ist. Wer also keine nostalgischen Gefühle hegt, weil er die Entwicklung dieser Lokale vom feuchten Kellerloch zum angesagten Szenetreffpunkt miterlebt hat, wird auf diese spezielle Kulisse lieber verzichten.

Oder wir treffen uns an der »Summerstage« auf ein Gläschen Wein. Hier kann man das besondere Flair des vor sich hin modernden Donaukanals auf der einen Seite und der im Viertelstundentakt vorbeidonnernden U-Bahn auf der anderen Seite genießen. Macht nix, dafür sind es nur ein paar hundert Meter bis zum »Flex«, das zu später Stunde noch aufgesucht wird, in der Hoffnung, die Szenestars Kruder & Dorfmeister oder einen ihrer Adepten live hinter den Plattentellern zu erleben - in einem Bunker am Donaukanal, aber immerhin durch eine dicke Betonmauer von der U-Bahn getrennt.

Später dann, wenn es schon hell wird, kann man gleich mit der U4 zum Naschmarkt fahren, wo die Nachtschwärmer die Frühlokale bevölkern und sich ihr Spiegelei schmecken lassen, wahlweise auch das zwölfte Bier und einen Grappa dazu. Auf jeden Fall aber eine Melange, denn es handelt sich hier um das berühmte Café Drechsler oder eine andere angesagte Location, die Sie bitte bei Bedarf dem neuesten *MAX*, *Merian* oder *Brigitte*-Stadtführer entnehmen.

Die Tiroler sind lustig ...

Die Österreicher sind charmant -
solange man vor ihnen steht.

Die Österreicher werden nicht müde, ihr Land als Paradies anzupreisen: unberührte Natur, schneebedeckte Berge, liebliche Seen, charmante Gastgeber, gutes Essen und ein reichhaltiges Kulturangebot. Das sind die Attraktionen, die den Urlaubern vorgegaukelt werden, um sie ins Land zu locken - und dann ordentlich abzuzocken.

Der Fremdenverkehr erwirtschaftet 10 % des Bruttoinlandsprodukts; mehr als die Hälfte dieser Einnahmen steuern deutsche Touristen bei. Sie fahren in großer Zahl nach Österreich in den Urlaub. Schon seit Jahrzehnten. Kurzzeitig wurden mal rückläufige Übernachtungszahlen gemeldet, und es wurde über exorbitante Teuerungsraten im Zuge der Euro-Umstellung geklagt. Doch mittlerweile ist die Tendenz wieder steigend, nicht zuletzt aufgrund der Tatsache, dass Fernreisen - bedingt durch Terrorismus und Naturkatastrophen - an Anziehungskraft verloren haben. Man will sich nicht unbedingt in Gefahr begeben. Und fremde Kulturkreise sind per se immer eine Bedrohung.

Österreich dagegen ist ein sehr bekannter Kulturkreis. Es ist bekannt dafür, dass es gemütlich ist. Entspannt und ordentlich. So wie zu Hause eben, nur ohne die Arbeit. Man möchte die Natur genießen, gut essen und trinken und vornehmlich seine Ruhe haben. Wenn man spezielle Wünsche hat, kann man sich mit den Einheimischen sogar darüber unterhalten. Schließlich spricht der Gastgeber die gleiche Sprache wie der Gast - und er ist freundlich und zuvorkommend. Viele Urlauber schwärmen vom besonderen österreichischen Charme, der sie immer wieder ins Alpenland lockt.

Und weil sie eben diesen österreichischen Charme bedroht sieht und vor dem Aussterben bewahren möchte, hat die Österreich-Werbung bei der Unesco um seine Aufnahme als immaterielles Kulturgut in die Weltkulturerbeliste angesucht.

Erfunden wurde diese Möglichkeit eigentlich für die bedrohten Völker der Dritten Welt, die nicht über schützenswerte Bauwerke verfügen. Wenigstens ihr immaterielles Kulturgut wie Bräuche und Mythen soll so erhalten werden. Gehört der österreichische Charme in diese Kategorie? Haben wir es in Wirklichkeit mit einem wilden Bergvolk zu tun, dessen Riten als Kulturgut erhalten werden sollen?

Und was soll da eigentlich geschützt werden? Das »Bitte sehr!«, »Danke gern!« und »Wünsche einen wunderschönen guten Abend!« im Angesicht des Gastes? Die devote Haltung, solange die Höhe des Trinkgelds noch nicht feststeht? Zweifellos ist der Österreicher freundlich, wenn ihm der Gast gegenübersteht oder -sitzt. Aber wehe, man dreht ihm den Rücken zu - dann wird über den dummen Ausländer gefeixt oder über den Piefke gelästert, der glaubt, er könne sich mit seinem Geld alles kaufen.

Was für ein Glück für die Tourismusindustrie, dass die Fremden nicht hören, wie die Einheimischen über sie reden, wenn sie die Gaststube verlassen haben. Sonst würden sie es sich bestimmt überlegen, noch einmal ein Zimmer in der Frühstückspension zu mieten, deren Besitzer Unterschriftenaktionen starten und Eingaben an ihre Politiker verfassen, um die Ansiedlung von Deutschen und den Ausverkauf der Heimat zu verhindern.

Aber der hat inzwischen längst stattgefunden - unter tatkräftigem Mitwirken und Handaufhalten der Einheimischen. Das Brauchtum tritt meist nurmehr als Hintergrundgeräusch für die Halbpensionsgäste in Erscheinung - der Anton spielt mit seiner Ziehharmonika beim Essen auf und singt lustige G'stanzln. Die Fixierung der Tiroler auf ihre ausländischen Gäste ist so weit fortgeschritten, dass man als Österreicher verjagt wird - selbst wenn man Werbung für die Region macht.

So erging es einem Kamerateam von »Confetti TV«, dem österreichischen Kinderfernsehen, das in Zell am Ziller drehen wollte. Der Produzent: »Es war alles mit dem Fremdenverkehrsamt abgesprochen, wir hatten alle nur erdenklichen Genehmigungen und die Unterstützung des Bürgermeisters, aber der Wirt wollte einfach nicht, dass wir von seiner Terrasse aus das Panorama rund um Zell filmen. Wir würden die deutschen Touristen verjagen, brüllte er. Wahrscheinlich hätten wir für Pro7 drehen müssen, aber wir waren ja nur vom ORF.«

Filmproduktionen aus dem Ausland bringen dem Land sichtbare zusätzliche Tourismuseinnahmen, das bestätigt Johannes Köck, Geschäftsführer von »Cine Tirol - Film Commission & Fund«. Die Fördereinrichtung wurde 1998 als Abteilung der Tirol Werbung gegründet - mit dem Ziel, den Drehort Tirol aktiv anzupreisen und dort gedrehte Filme zu unterstützen.

Besonders geschätzt wird das Land von den Regisseuren aus Indien, die hier ideale Kulissen für ihre Bollywood-Musical-Produktionen vorfinden: eine ähnliche Bergwelt wie zu Hause, aber leicht erreichbare Drehorte, keine politischen Probleme, ewig blauer Himmel und Gebirgsflüsse mit Trinkwasserqualität. Der angenehme Nebeneffekt für Tirol: eine hundertprozentige Steigerung der Übernachtungen indischer Gäste von 2000 bis 2004.

Kriterien für die Filmförderung sind der »Tirol-Effekt« (200 % der zugesagten Fördermittel müssen im Land ausgegeben werden) und der »Tirol-Bezug«: Das Land soll als Drehort erkennbar und möglichst attraktiv sein - um weitere Filmteams anzulocken, die touristische Aufmerksamkeit zu vermehren und so die »Marke Tirol« zu festigen.

Ein Beispiel für diese Art von Fremdenverkehrswerbung ist der Film »Die fetten Jahre sind vorbei« des in Deutschland lebenden Österreichers Lois Weingartner, der einige Szenen in den Tiroler Bergen drehte, und siehe da: »Cine Tirol« bekommt Anrufe, wo genau da gedreht wurde, weil die Leute dort hinfahren wollen. Zum Glück liegt die Kotalm im stolzen Rofanmassiv über dem Achensee und ist relativ leicht zu erreichen.

Auch Harald Krassnitzer, Darsteller des österreichischen »Tatort«-Kommissars, war jahrelang auf Tiroler Almen unterwegs, um die Gegend möglichst hautnah zu promoten - immerhin sitzen am Sonntagabend oft 20 % der deutschen Fernsehzuschauer vor der Kiste. Hier darf sogar die hochproblematische Verbindung »Tourismus und Naturzerstörung« kriminalistisch untersucht werden. Schlussfolgerungen zieht man keine daraus - die Kluft zwischen der älteren Generation, die sich einen Rest ihrer vertrauten Umgebung bewahren will, und den jüngeren Kosten-Nutzen-orientierten Tourismusmanagern wird von Jahr zu Jahr größer.

Ballermann im Hochgebirge

Die Österreicher rüsten auf – für Millionen weiterer Besucher.

Was Mallorca oder Ibiza im Sommer, sind Ischgl und Sölden im Winter - Ballermann auf dem Gletscher, Magaluf im Hochgebirge. Während die Schweiz aufgrund der Preise sowieso nur für die oberen Zehn- oder Zwanzigtausend erschwinglich ist und daher gar nicht in die Verlegenheit kommt, sich unter Niveau verkaufen zu müssen, versuchen die Österreicher ihren Schnitt bei den unteren 20 Millionen zu machen. Und das Geschäft floriert. Jahr für Jahr wird »nachgerüstet«. Die nächste »Event-Schi-Schaukel« wird eröffnet. Und noch ein paar Dörfer verschulden sich in der Hoffnung auf die zahlenden Spaßkonsumenten bis über beide Ohren.

Führend beim Spielen auf der Attraktionssteigerungsorgel ist Ischgl: Konzerte mit Fanta Vier und Toten Hosen gibt's gratis zum Schipass, zum Saisonabschluss werden »Megastars« wie Tina Turner, Jon Bon Jovi, Udo Jürgens, Bob Dylan, Peter Gabriel oder Alanis Morissette eingeflogen. Paris Hilton hält eine Dose in die Kamera - ein Foto, das natürlich um die Welt geht. Und dazwischen stellen sich kurz mal »die 70 angesagtesten Spitzenköche« (Eckart Witzigmann, Johann Lafer, Heinz Winkler & Co) auf die Schier, um beim Parallelslalom ihren Meister zu suchen.

Sölden zieht mit schrägen Spektakeln und außergewöhnlichen Events nach. Die schwul-lesbische Szene trifft sich hier zum »Gay Snowhappening«; und jedes Jahr zum Winterfinale zieht nächtens Hannibal über die Ötztaler Alpen. Mit Pistenbullys als Elefanten. Oder man veranstaltet eine »Höhenverkostung« burgenländischer Weine - es ist eben für jeden schlechten Geschmack etwas dabei.

Die Gourmetveranstaltungen sollen die betuchte Kundschaft anlocken und für eine bessere Auslastung in der Zwischensaison sorgen. In der Zeit nach Silvester allerdings sind die Luxushotels in den Tiroler Alpindörfern ohnehin konstant ausgebucht oder werden gleich ganz reserviert für eine besondere Klientel: Zwischen Neujahr und dem 14. Januar verbringen geschätzte 40.000 Russen und Ukrainer hier ihre Weihnachtsferien – mit steigender Tendenz. Und die verleiben sich die Pisten, Nobellokale und Après-Schi-Bars regelrecht ein, wie die Einheimischen feststellen: »Die kaufen alles und zahlen alles. Jeden Preis. Immer bar. Und so benehmen sie sich auch. Da lernt man, dass Geld wirklich nicht alles ist«, wird ein Taxifahrer in der Tageszeitung *Der Standard* zitiert.

Für die schnell wachsende neue Zielgruppe wird einiges auf die Beine gestellt: Galadiners zum russisch-orthodoxen Weihnachtsfest, russisch sprechendes Personal – von den Kellnern bis zu den Schilehrern –, kyrillische Speisekarten und Rundfahrten in der Hummer-Stretch-Limousine. »Die Konsumation ist um ein Vielfaches höher als bei Urlaubern aus anderen Ländern«, frohlocken die Hoteliers.

Sölden und Ischgl haben bereits russische Info-Büros eingerichtet, um Diskretion, Exklusivität und »besonderen Service« für die anspruchsvollen Gäste zu gewährleisten. Die Vermittlung von Schilehrern ist die leichteste Übung. Rundflüge im Hubschrauber werden ebenso angeboten wie Tagesausflüge in die Wiener Staatsoper oder nach Mailand im Privatjet. Man sieht also, die Tourismusindustrie ist sehr anpassungsfähig und unternimmt alles, um die Betten voll zu kriegen und keine Lücke im Buchungskalender entstehen zu lassen.

Im Kampf um die Touristen wird jeder verfügbare Berg erschlossen. Je mehr Liftanlagen eine Region zu bieten hat, desto begehrter ist sie. Wo kein Hang mehr ungenutzt bleibt und die Snowboarder durch den tief verschneiten Wald fegen, hat die Natur keine Möglichkeit mehr, sich zu erholen. Wenn überall Pisten angelegt und alle Hügel erklommen werden, wird das Erdreich locker. Die technisch ausgereiften Liftanlagen sind permanent im Einsatz, es bleibt zu wenig Zeit für die Wartung. Die Folge sind immer häufigere Lawinenunglücke und Seilbahnunfälle - die manch junger Urlauber unbekümmert als kleines zusätzliches Abenteuer verbucht. Nach dem Motto: Wir haben für den Spaß bezahlt, und daher genießen wir ihn auch.

»Die Natur schlägt zurück« schreiben die Zeitungen dann. Mag sein - aber in Wirklichkeit werden die Unfälle oft durch falsches Verhalten verursacht. 58 % der Lawinenopfer gehen auf das Konto der Fun-Generation. Die Bergrettung ist der Meinung, dass durch die Hochglanz-Szeneblätter »ein bisschen zu viel des Guten vom grenzenlosen Feeling« transportiert wird: »Das verleitet auch Schwächere dazu, sich zu überschätzen. Ausbaden müssen das - abgesehen von unschuldigen Lawinenopfern - unsere Leute, die sich oft nächtelang auf die Suche nach abgängigen Tourengehern machen müssen, die nicht mal einfachste Sicherheitsstandards verinnerlicht haben«, warnt ein Einsatzleiter.

Nun, wer diesen Massentourismus will, darf sich über die Folgen nicht wundern. Aber der Tiroler ist schon ein seltsamer Mensch: Stur und unnachgiebig besteht er auf seiner Eigenart, auf seinem Tiroler Wesen, während er gleichzeitig dessen Grundlage, nämlich die Landschaft, zerstört. Während auf der einen Seite durch ständig neue Pauschalangebote immer mehr Touristen ins Land gelockt werden sollen, beschwert er sich auf der anderen

Seite über die Autokolonnen auf der Inntalautobahn und organisiert Blockaden am Brenner, um gegen den Transitverkehr zu protestieren. Oft geht dieser Riss durch die Familien, die Eltern sind erbitterte Feinde von Tourismus und EU, die ihr Erbe vernichtet sehen, während die Kinder gut leben und auch nur ihren Spaß haben wollen.

Die Deutschen, die im Sommer zum Wandern nach Tirol fahren, sind - wie stets im Urlaub - auf der Suche nach dem Ursprünglichen. So suchen sie auch in Österreich das romantische Bergdorf, das so aussieht wie die Bauernhäuser in der ARD-Serie »Abenteuer 1900«. Und die Österreicher machen bereitwillig mit, sie gaukeln den Touristen eine ursprüngliche Welt vor, die es so niemals gegeben hat und schon gar nicht mehr gibt.

Die Fremdenverkehrsverbände haben das Brauchtum vernichtet und durch Folklore ersetzt. Und die Österreicher - mögen sie Karl Moik heißen oder Andy Borg - präsentieren die Trachtengruppen dann als Aushängeschild einer Region im Fernsehen. Egal, ob man Volksmusik mag oder nicht - der traurige Hintergrund dieser alle Sinne beleidigenden Fernsehshows ist der Verrat an der eigenen Tradition im Dienste des Tourismus und der Unterhaltung.

Peter Alexander - Unterhaltungskünstler in der Fernseh-Steinzeit - war der Parade-Österreicher im Fremdenverkehrsfilm der 50er- und 60er-Jahre; der Einheimische, der die Urlauber mit seiner einnehmend freundlichen Art ihre Sorgen vergessen ließ; immer ein Lied auf den Lippen und hinter den Madeln her; dem Angeber aus Deutschland wird eine Lehre erteilt und dann trinken alle gemeinsam ein Glaserl Wein.

Seither wird das Klischee vom bescheidenen, zurückhaltenden, aber bauernschlauen Einheimischen gepflegt: Der Österreicher könnte ja, wenn er wollte, aber da er gar kein Interesse am Geldverdienen hat, sondern lieber auf der faulen Haut liegt und die schöne Landschaft genießt, überlässt er das Geschäftemachen dem Deutschen, dem er dann in seiner knapp bemessenen Freizeit das Gefühl gibt, mit seinem sauer verdienten Geld auch ein Stück Natur und Zufriedenheit kaufen zu können.

»Wenn mi des Reisebüro net vermittelt hätt'«

Die Österreicher sind gesellig.
Besonders im Ausland trauen sie sich allein nicht auf die Straße.

Egal, ob im Resort in der Dominikanischen Republik oder im All-Inclusive-Hotel in Kenia - überall auf der Welt, wo Pauschalreisende sich wohlfühlen, begegnet man auch Österreichern. Die Betonung liegt auf dem Plural, denn selten trifft man einen allein, als einsamen Trinker an der Hotelbar etwa, oder als Kunstinteressierten im Tempel. Vielmehr fallen die Österreicher im Ausland vor allem durch Rudelbildung auf.

Fast hat es den Anschein, als würden sie sich allein nicht mehr vor die Tür trauen, sobald sie den Schutz der heimischen Berge verlassen haben. Begibt sich der Ösi auf Bildungsreise, lässt er sich vom Reiseführer alles zeigen und betrachtet es dann als erledigt. Im Gegensatz zum Deutschen, der möglichst unbekannte Orte entdecken und neue Erkenntnisse über das bereiste Land gewinnen will, ist er zufrieden, wenn alles so ist, wie er es sich vorgestellt hat.

Deshalb fahren Österreicher prinzipiell nur in Hotels, die ihnen empfohlen wurden (»Ich habe da ein sehr verlässliches Reisebüro im 1. Bezirk, jede Reise ein Volltreffer, sag' ich Ihnen. Ich bin noch nie enttäuscht worden - vor allem nicht in punkto Gemütlichkeit.«). Oder zu Bekannten, die schon vor Ort sind. Am liebsten besucht der Österreicher Freunde, die ausgewandert sind oder aus beruflichen Gründen gerade am anderen Ende der Welt leben. Bei denen nistet er sich dann ein und setzt nur dann einen Fuß vor die Tür, wenn der Gastgeber mitgeht.

Das Urlaubsverhalten der Ösis spricht Bände: Sie sind gesellig und anspruchslos. Sie glauben, es versteht sie keiner, deshalb können sie sich lautstark unterhalten und danebenbenehmen. Und weil es in der Fremde niemals so angenehm sein kann wie in der Heimat, stellen sie auch keine großen Ansprüche. So sehen sie ihre Vorurteile bestätigt und freuen sich über ihre führende Rolle in der Weltkulturgemeinschaft.

Hauptsache, es gibt was zu trinken und das Wasser ist in der Nähe, alles andere ist zweitrangig. Ein Meer sollte schon vorhanden sein. Daher sind die beliebtesten Sommerreiseziele Italien, Griechenland, die Türkei und Spanien. Und Kroatien natürlich, das in der Statistik bereits an zweiter Stelle steht. Die Adria war schon bei den hochwohlgeborenen Kurgästen beliebt, was man noch immer am Schönbrunner-Gelb der alten Villen sehen kann, wenn man an der Küste entlangfährt - und hier ist der Euro eben noch was wert. Wie auch beim östlichen Nachbarn Ungarn, weshalb man hier nicht nur wegen der Ferien vorbeischaut, sondern - viel öfter - wegen der günstigen Lebensmittelpreise.

Etwa ein Drittel der Österreicher fährt gar nicht weg, sondern bevorzugt Ferien in »Balkonien«. Viele ältere Wiener besitzen einen Schrebergarten, wo sie die Sommermonate in gewohnter Umgebung und mit allen Annehmlichkeiten des eigenen Haushalts verbringen. Die Jüngeren haben oft eine Saisonkarte für das nächstgelegene Schwimmbad. In ihrem »Kästchen« - einem Garderobenschrank, den sie den Sommer lang gemietet haben - lagern sie alles, was man tagsüber so braucht. Sie lassen sich die Sonne auf den Bauch scheinen und von der

Frau ein Bier holen. Zur Abkühlung springen sie ab und an auch mal ins Becken, aber nur wenn es absolut zu heiß wird.

Wer ein Häuschen im Donaustrandbad - etwa in Kritzendorf bei Wien - besitzt, kann beides verbinden: Gartenpflege und Leibesertüchtigung. Er hat seinen Strand zu Hause und braucht nicht zu verreisen, um den Sommer am Wasser zu verbringen. Abends stellt er den Grill auf, legt das Schnitzel drauf und macht einen Erdäpfelsalat dazu.

Denn eigentlich ist es ihm zuwider, das Reisen. Das ging schon Franz Grillparzer so, dem großen Raunzer der österreichischen Literatur. Schon damals gab es genügend Gründe, lieber zu Hause zu bleiben: Postkutschen, die die Eingeweide zermürbten, und Schiffe, die Seekrankheit verursachten; auch verstopfte Straßenstaub die Nase und verdüsterte das sensible Dichtergemüt. Die südliche Sonne brannte ihm auf der Stirn, der nördliche Frost ließ seine Füße gefrieren. Sein Magen verweigerte sich dem unbekannten Essen, und schlaflos wälzte sich der Dichter in fremden Betten und beschwerte sich über unangenehme Mitmenschen, die mit ihren Gesprächen und fröhlichem Treiben seine Erholung störten.

Wie so viele hielt er es in Wien nicht aus - woanders aber noch viel weniger. So wie das Kind den Schoß der Familie verlassen muss, um sich zu emanzipieren, muss der Österreicher hinaus in die Welt, um festzustellen, dass es zu Hause doch am schönsten ist.

»Wenn mi des Reisebüro net vermittelt hätt'« ist folglich auch das Resümee des »Herrn Travnicek«, einer Figur des großen Kabarettisten und Schauspielers Helmut Qualtinger, wenn er von seinen Urlaubsreisen erzählt. Egal, wohin er auch gefahren ist, nirgends war es so schön wie zu Hause, nirgends hat er sich so wohl gefühlt wie in seiner Wiener Umgebung, nichts kann mit den heimischen Sehenswürdigkeiten konkurrieren.

Spanien: »Die Stierkämpf' - a matte Sache ... Simmering - Kapfenberg, das nenn' i Brutalität.« (Anspielung auf zwei österreichische Arbeiter-Fußballvereine); Griechenland: »Das Scheenste, was' dort haben, is die Akropolis. Die schaut aus wie's Parlament. Nur kann i da mit'n J-Wagen hinfahren und hab' die Pallas Athene davur.« (Anm.: Die Straßenbahnlinie J fährt vom Südbahnhof in den 9. Wiener Gemeindebezirk. Am Ring passiert sie das klassizistische Parlamentsgebäude.) Frankreich, Côte d'Azur: »Die kummt ma vor wie Krumpendorf - aber haaßer ...« Das Casino: »Heeren S', Stoßspielen kann i in jedem Kaffeehaus. Brauch i net am Baccarat-Tisch gehen ... Und die Grace Kelly kann i am Rabenhof-Kino anschaun ... Und was mir da zum Essen geben hab'n? Die Boll a Bus ...« Bouillabaisse: »A stinketes Gschlader ...! Nicht zu vergleichen mit aner Gulaschsuppen ...«; Italien: »Des kenn i ... die Paradeiser und der Kaas staubt mir scho aus die Ohren außi ...«

UMGANGSFORMEN UND OBSESSIONEN

»Küss die Hand, gnä' Frau ...«

Die Österreicher sind zuvorkommend – wenn sie glauben, dass was nachkommt.

Die Art, wie einem der Österreicher begegnet, verrät seine Absichten: Gibt er sich gelangweilt, so weiß er noch nicht, wie er sein Gegenüber einschätzen soll, und wartet erst einmal ab. Behandelt er einen herablassend, ist er sich seiner Überlegenheit sicher und davon überzeugt, dass man ihm nicht schaden kann. Ist er zuvorkommend, führt er etwas im Schilde. Tritt er einem freundlich entgegen, ist Vorsicht geboten – es besteht der dringende Verdacht, dass er etwas will, und sei es nur ein Trinkgeld.

Die Österreicher legen großen Wert auf korrekte Umgangsformen, vor allem die richtige Anrede ist gefragt. (→ »Gschanster Diener, Herr Dokta!«, S. 36) Dieser Anachronismus ist besonders wichtig in der Erziehung der bürgerlichen Eliten. Ein wichtiger Teil des Tanzkurses, den alle Jugendlichen besuchen, damit sie am »Maturaball« (der Abiturfeier) teilnehmen und heimlich knutschen dürfen, ist das Erlernen der Etikette: Wie fordere ich eine Frau zum Tanzen auf? Welche Speisen werden mit welchem Besteck gegessen und auf welcher Straßenseite geht der Gentleman? Begrüßung, Verabschiedung und die richtige Anrede wollen korrekt erlernt sein, damit man sich gegenüber den »besseren Kreisen« ordnungsgemäß zu benehmen weiß.

»Grüß Gott« ist auf dem Land üblich, »Guten Tag« in der Stadt, »Meine Verehrung« gebührt dem gesellschaftlich Höherstehenden, »Hochwürden« sagt man zum Pfarrer, »Hochwohlgeboren« zu einem Adeligen.

»Küss die Hand, gnä' Frau!« wird aus Gründen der Höflichkeit zu jeder Dame gesagt, wenn sie formell begrüßt wird. »Gnädiger Herr« sagten die Dienstboten zu ihren

Herrschaften: Heutzutage wird die Formulierung bisweilen einem Kunden gegenüber gebraucht, wenn ihm der Verkäufer wohlgesonnen ist.

»Habe die Ehre« leitet sich aus der höfischen Gesellschaft her und bezeichnete die Ehrerbietung unter Adeligen, während das volkstümlich gebrauchte »Hawedere« und die davon hergeleitete Anrede »Hawi« für einen Kumpel die verballhornten Versionen dieses Grußes sind. Unter Jugendlichen sind auch »Servus« und »Baba« (»Grüße an den Herrn Papa!«) gebräuchlich, wenngleich immer öfter auch das ungleich härtere und barschere »Tschüss« zu vernehmen ist.

Wie gesagt: Die - oft übertriebene - Freundlichkeit ist nie selbstlos. Nicht zu Unrecht haben viele Besucher den Eindruck, dass die Einheimischen einem etwas verkaufen wollen, wenn sie freundlich sind. Unwillkürlich zuckt man zurück, wenn sie mit Schmelz in der Stimme sagen: »Haben der Herr gut geruht?«

Es klingt einfach nicht ehrlich, wenn jemand »G'schamster Diener« zu einem sagt. Sofort fallen einem die Sonntagnachmittagsfilme ein, in denen Hans Moser und Paul Hörbiger als geistig minderbemittelte, aber herzensgute Kammerdiener alles nur erdenklich Gute für ihre »Herrschaft« tun wollten und doch immer wieder an ihrem Unvermögen scheiterten. Und unwillkürlich möchte man fragen: »Welchem Film sind Sie denn gerade entstiegen?« Wer aber unterwürfige Gesten liebt und angestaubte Grußformeln als charmant empfindet, der ist hier genau richtig.

Die Etikette hat einen großen Vorteil: Sie schützt den Einheimischen davor, etwas falsch zu machen oder es sich mit jemandem zu verscherzen. Daher bleibt auch jede Unterhaltung nur an der Oberfläche. Hauptsache, man war dabei, man hat sich gesehen, man hat miteinander geredet. Der Inhalt der Gespräche ist schnell vergessen, man trifft sich ja wieder ...

Visitkarten werden ausgetauscht, Telefonnummern über Bluetooth verschickt, man »meldet« sich. Das Handy ist überhaupt das perfekte Utensil für diese Art der Kommunikation. Ständig wird in Österreich in aller Öffentlichkeit gequatscht, man kommt sich vor wie in einem Science-fiction-Film, in dem die Menschen nicht mehr direkt miteinander reden, sondern nur noch über geheimnisvolle Kanäle kommunizieren.

In jeder U-Bahn wird man von krächzenden Melodien genervt wie einst von vorsintflutlichen Kofferradios, das SMS-Gepiepse übertönt die Ansagen des Fahrers, eine normale Unterhaltung ist unmöglich. Termine werden nicht mehr vereinbart, man wird auf später vertröstet. »Telefoniern ma sich z'samm«, heißt es, was so viel bedeutet wie: Du kannst mir gestohlen bleiben, aber man vergibt sich nichts, weil man ja »in Verbindung« bleibt.

Die jungen Menschen haben diese Unverbindlichkeit perfektioniert, sie sind perfekt im Verkaufen, aalglatt im Umgang mit Geschäftspartnern und interessiert am schnellen Geld. Die mittlere Generation der 40- bis 50-Jährigen, die sich noch in der stürmischen Ablehnung der tradierten Verhaltensformen versucht und inzwischen wohl oder übel Karriere gemacht oder sich in eine alternative Lebenswelt verabschiedet hat, staunt nicht schlecht über diese alerten Businesstypen, die völlig ideologiefrei an die Futtertröge der Macht und des Geldes drängen. Ihre Lebensabschnittspartner treffen sie in After-Office-Lounges und wenn es zu persönlich wird, lassen sie einfach das Handy klingeln - »ein wichtiger Termin, du entschuldigst«.

Die Seitenblicke-Gesellschaft

Die Österreicher lassen sich gerne sehen. Wer drin ist, ist in. Wer draußen ist, existiert nicht.

Dabei sein ist alles. Wer in Österreich Karriere machen will, der muss dazugehören - ein Teil der erlauchten Gesellschaft sein, die immer wieder in den »Seitenblicken« zu sehen ist. Obwohl es kaum mehr als eine Handvoll Prominente in Österreich gibt, wird dieses »Society-Magazin« täglich um 20.00 Uhr auf ORF2 gesendet. Berichtet wird vom Golfturnier, der Geburtstagsparty, dem Eröffnungsevent im Museum, der Theaterpremiere, dem Wohltätigkeitsball, der Prominentenrallye, dem neuen Elefantenbaby im Zoo oder der Buchpräsentation des Starkochs.

Das Konzept des ORF-Altmeisters Teddy Podgorski, der die TV-Sendung in seiner Zeit als Intendant erfunden und ins Programm gehievt hat (1987), ist aufgegangen: Wer in den »Seitenblicken« nicht vorkommt, der existiert - zumindest für diejenigen, die bekannt sein möchten - praktisch gar nicht. Und alle, die nicht dazugehören, möchten natürlich wissen, wer »in« ist, also schauen sie wenigstens zu. Und so gehört die wöchentliche »Seitenblicke«-Revue zu den meistgesehenen Sendungen des ORF. Sie wird auch in 3sat ausgestrahlt, damit die Auslandsösterreicher auf dem Laufenden bleiben.

Der unübertroffene Quotenhit aber ist die ganztägige Nonstop-Spendengala »Licht ins Dunkel«, in der alljährlich vor Weihnachten alle Schauspieler, Moderatoren, Musiker, Kabarettisten, Politiker, Filmemacher, Agenturleiter und überhaupt alle auftreten, die irgendwie bekannt sind oder sein wollen, um unheimlich viel Geld für diverse gute Zwecke zu sammeln.

Eine Kinderstimme spricht dann im Dunkeln: »Ist da jemand?« und sofort denkt man an E.T., muss weinen und macht das Kleingeld locker. »One nation under a groove« würden *Heaven 17* dazu sagen, wenn es diese Meister des Dancefloor noch geben würde, aber so treten Silbermond auf und singen »Das Beste«. Die Quintessenz ist die gleiche: Alle Österreicher sorgen für die armen Hascherln. Hauptsache, die Leute bleiben dort, wo sie sind, und kommen nicht zu uns, hier ist kein Platz für Asylbewerber.

Der typische, langjährige Vertreter der Seitenblicke-Gesellschaft ist der Unternehmer Richard »Mörtel« Lugner, dessen internationaler Ruf als »Society-Löwe« sich darauf gründet, dass er Jahr für Jahr eine (meist nicht mehr ganz so) prominente Begleitung für den Opernballbesuch einkauft. Sophia Loren, Pamela Anderson, Geri Haliwell, Sarah Ferguson, Raquel Welsh. Grace Jones, Ivana Trump und Joan Collins waren schon in seiner Loge zu Gast. Im Vorfeld der Veranstaltung löst die Spekulation über das aktuelle Engagement stets einen grotesken Medienhype aus. Und wenn dann tatsächlich Paris

Hilton kommt - und sei es nur, um den Dosen-Prosecco ihres österreichischen Werbepartners zu promoten -, ist Lugner in aller Munde und das ist die Hauptsache.

Nur gut, dass der nimmermüde Selbstdarsteller seine Baufirma schon vor längerer Zeit an seine beiden Söhne übergeben hat, sonst wäre das Unternehmen wohl längst pleite. Denn für die Geschäftsführung hätte der vielbeschäftigte Partyhopper kaum mehr Zeit. Seine Baufirma wurde im Zuge der Wiener Althaussanierung groß, mit dem Bau von Tankstellen und der Errichtung von Bürohäusern mit angeschlossenen Tiefgaragen wurde er reich. Zur Eroberung der Klatschspalten setzte er mit dem Bau eines Einkaufszentrums im 15. Wiener Gemeindebezirk an.

Die »Lugner City« wurde 1990 eröffnet, der Baumeister selbst ist der wichtigste Animateur in seiner

Shopping Mall, die er Zug um Zug erweiterte - um eine »Showbühne«, auf der sich die Stars des »Musikantenstadls« einfinden, oder die »Lugner Kino City«, wo man in der exklusiven »Lugner Lounge« Prosecco und Popcorn im Luxus-Sessel mit Tisch genießen und nebenbei auch noch einen Film anschauen kann. Der »marokkanische Mausimarkt« schließlich - man mag es glauben oder nicht - heißt so, weil Lugner seine Frau Christina öffentlich »Mausi« nennt und sie auch darauf hört.

Logisch, dass es nach seiner Kandidatur bei Bundespräsidenten- und Nationalratswahl (mit der Liste »Die Unabhängigen«) nur eine Frage der Zeit war, bis der bewegende Alltag des Betonmischers aus Wien-Ottakring vom Privatsender ATV+ zu einer Reality Soap verarbeitet wurde - quasi die B-Movie-Version des von MTV weltweit ausgestrahlten Originals, den Osbournes. Und wenn es mal nicht so flutscht mit der Publicity, dann helfen die anderen schon mit aus. So kam Lugner in die Schlagzeilen, weil ihn der Erzbischof von Salzburg exkommunizieren will. Warum? Weil sich in seinem Einkaufszentrum eine Klinik befinde, in der Abtreibungen durchgeführt würden.

So gelingt es Lugner stets von neuem, im Gespräch zu bleiben und sich in der Seitenblicke-Gesellschaft in den Vordergrund zu spielen. Und das, obwohl der erste Platz in der Hitliste der Selbstdarsteller im Jahr 2006 eindeutig vom Lieblingspromi aus der Politik okkupiert wurde: dem feschen Finanzminister Karl-Heinz Grasser. Seit seinem Auftritt bei »Wetten, dass ...?« hat er auch eine stattliche Anzahl von Verehrerinnen in Deutschland, hört man.

Service als Mittel zum Zweck

Der Kunde ist König - wenn er dem Verkäufer bekannt ist und sich entsprechend verhält.

In Österreich gibt es noch den schönen Ausdruck »Bedienung« für das Servicepersonal in Gaststätten. Deren Verhalten allerdings hat mit der Bezeichnung rein gar nichts zu tun. Die Kellnerin im Wiener Beisl sollte dem Gast ja eigentlich als Ansprechpartnerin für seine Wünsche zur Verfügung stehen, doch es zeigt sich schnell, dass das eine eher theoretische Möglichkeit ist, weil sie selbst das ganz anders sieht.

»Könnten Sie mir bitte die Karte bringen?« - »Des Essn steht auf da Tofl.« - »Wie bitte?« - »Sie können die Speisen dem Anschlag auf der Tafel entnehmen.« - »Und wo ist die Tafel?« - »Die hängt vor der Kuchl - der Küche, bitte sehr.« - » Und wo ist die Küche?« - »Im rückwärtigen Teil des Lokals.« Muss ich jetzt rückwärts durch das Restaurant laufen, um die Speisekarte studieren zu können? - »Wissen S' scho, wos Sie trinken wollen?« - »Vielleicht haben Sie eine Weinkarte?« - »Die Weine steh'n auf der Tafel daneben.« - »Danke, vielleicht suchen wir uns doch ein Beisl mit tragbarer Karte ...«

Vielleicht fällt Ihnen als Äquivalent die berühmte »Berliner Schnauze« ein, oder Sie fühlen sich gar in die karge, graue DDR zurückversetzt. »Servicewüste« ist eine freundliche Umschreibung dessen, was einem blüht, wenn man als Fremder etwas haben will, was nicht auf den ersten Blick sichtbar oder als Touristenangebot gang und gäbe ist.

Vor allem sollten Sie sich der Vorstellung entledigen, dass man auf eine präzise Frage auch eine präzise Antwort bekommt. »Wie meinen Sie denn das?« ist wohl die am häufigsten gestellte Gegenfrage, wenn sie in Österreich unterwegs sind. Niemals wird ihre Frage nach einem bestimmten, klar beschriebenen Produkt mit »Ja, hier ist es« beantwortet werden, bestenfalls hören Sie ein: »Geht dies hier auch?«

Und mit Vorwürfen kommen Sie gar nicht weiter. »Sie sollten doch ...« oder »Haben Sie denn noch nie ...« vergessen Sie am besten gleich. Das erzeugt nur böses Blut, und sie können unverrichteter Dinge wieder gehen. »Haben Sie vielleicht etwas Ähnliches wie ...« ist ein guter Ansatz. Oder: »Ich weiß, dass Sie hier viel bessere Produkte haben, aber ich bin dies und jenes gewohnt ...« So eine Formulierung wird ein Klima gegenseitigen Respekts schaffen, in dem sie der Erfüllung ihres Kundenwunsches möglicherweise ein Stück näher kommen.

Und: Vermeiden Sie hochdeutsch zu sprechen! Kramen Sie den Dialekt hervor, der Ihnen vom Studium in Freiburg im Ohr geblieben ist. Oder eine Formulierung auf Schwäbisch. Egal. Hauptsache, Sie outen sich nicht sofort als schulmeisternder »Piefke«. Da können Sie auch gleich wieder gehen, ihre Chancen stehen dann ganz, ganz schlecht. Auch wenn Sie nur einen Liter Milch haben wollten.

»Was brauch' ma denn heut', gnä' Frau?« Haben Sie das Pech, hinter der »Frau Doktor« in den Delikatessenladen an der Ecke zu kommen - oder kurz vor ihr, das macht keinen Unterschied -, dann sollten Sie gleich in den nächsten Supermarkt gehen. Denn eins ist klar: Das dauert jetzt. »Ein frisches Beiried hätt' ma heute, besonders zart und delikat, haha!« Während Sie warten, wird die »Kundschaft« nach ihrem Befinden befragt; und natürlich nach dem Wohlergehen des werten Gatten. »Und die Kinder ...?« Sie können von Glück sagen, wenn es nur zwei »G'schrappn« (= Bälger) gibt, die bereits aus dem Haus sind und daher keine Angriffsfläche für nachbarschaftliche Beobachtungen mehr bieten.

Gehört man nicht zur Stammkundschaft und macht gar den Eindruck, als wolle man sowieso nur schnell eine Wurstsemmel, wird man als notwendiges Übel erachtet, das man warten lassen kann und nur zu bedienen braucht, wenn es »passt«. Schüchtern sagt der Wartende irgendwann »Entschuldigung«. Bei entsprechender Behandlung lässt sich der Verkäufer vielleicht doch irgendwann dazu herab, sich dem Kunden zuzuwenden. So wie der Vorgesetzte mit seinem Untergebenen spricht, wenn es seine Zeit zulässt, wenn gerade nichts anderes wichtiger ist. Natürlich ist alles eine Frage des Status, und diesen zu beurteilen, gehört zu den herausragenden Fähigkeiten des Greißlers (= Besitzer eines kleinen Ladens).

Und der war lange Zeit das Maß aller Dinge: Weil er nicht mehr als acht Stunden arbeiten wollte, sollte auch der Supermarkt seine Kassen um 18 Uhr schließen. Eine Folge des EU-Beitritts sind das gestiegene Warenangebot zu günstigeren Preisen und die verbraucherfreundlichen Öffnungszeiten. Das in der Folge eingetretene

Männer haben keine Zeit für sie oder befriedigen ihre Gelüste anderweitig, während die Frauen zu Hause sitzen und mit dem Hausfreund Tee trinken. Dass nicht mehr passiert, dafür sorgen die Hausmädchen und Kammerdiener. Und daran hat sich nichts geändert, zumindest nicht in den bürgerlichen Kreisen der Hauptstadt.

Trifft man in Wien eine aufregende Frau, die sich zu mehr als einen Augenaufschlag hinreißen lässt, ist sie bestimmt eine Studentin aus dem Westen Österreichs. Zum Abschluss des Kino- oder Theaterbesuchs oder nach mehreren Stunden gehobener Konversation lässt sich die Wienerin - so sie aus gutem Hause stammt - maximal auf ein geziertes Küsschen zum Abschied ein. Lässt sich eine Frau auf den Mund küssen, ist sie mit Sicherheit ein Arbeiterkind. Und wenn sie gar ein weiteres Rendezvous vereinbart, stammt sie ziemlich sicher aus Oberösterreich oder Kärnten.

Und doch möchte die Wienerin wissen, was die Welt zu bieten hat. Sie rüttelt an den Mauern der Konvention, und auch wenn sie verheiratet ist, kann es vorkommen, dass sie einem kleinen Abenteuer nicht abgeneigt ist. Aber nur innerhalb bestimmter Grenzen und wenn sie die Spielregeln sowie den Ort bestimmen kann - etwa das »Hotel Orient«, das von jungen Paaren zum Zwecke der kurzfristigen Triebabfuhr besucht wird? Der Ehemann muss ja nicht alles wissen. Oder die Ehefrau. Peinlich wird es nur dann, wenn er mit der Sekretärin im Zimmer nebenan Quartier genommen hat, und man sich anschließend im plüschigen Entrée begegnet. Aber das kommt so gut wie nie vor. Es gibt diskrete Hotelangestellte, zu deren Aufgaben es gehört, solche Kollisionen zu verhindern.

Viel beliebter als der Austausch von Körpersäften aber ist das Versprühen giftiger Galle, d.h. der Vorwurf des Betrugs an die Adresse des Ehegatten. Oder aber der inszenierte Betrug, die Tändelei im Angesicht des eigenen Mannes. Dieses Spiel kann so weit gehen, dass die Frau sich auf ein Verhältnis mit einem anderen einlässt und sogar mit ihm ins Bett geht. Aber Vorsicht: Wer hier ein ernsthaftes Interesse vermutet, der hat sich geschnitten. Es geht nur darum, den Ehepartner eifersüchtig zu machen und sein nicht mehr vorhandenes oder schwindendes Verlangen wieder zu wecken. Ist dies gelungen, wird der Liebhaber fallengelassen wie eine heiße Kartoffel. Der Freund hat seine Schuldigkeit getan, jetzt kann er gehn.

Nirgendwo sonst konnte Sigmund Freud seine Theorien entwickeln als in Wien. Hier hatte er die idealen Untersuchungsobjekte: reiche Frauen, die ihm ihre Träume erzählten, sich bei ihm ausweinen konnten und sich bisweilen auch in ihn verliebten. Dass die Psychoanalyse später in New York zu ihrer größten Blüte kam, hat wohl nicht unwesentlich mit den vielen jüdischen Einwanderern aus der ehemaligen österreichisch-ungarischen Monarchie zu tun ...

Wenn wir die Psychologie mal außen vor lassen und uns den nackten Tatsachen widmen, stellen wir fest, dass sich das Sexualverhalten des Alpenvölkchens nicht wesentlich von dem anderer Länder unterscheidet: Zweimal pro Woche vibrieren die Betten des Alpenlands im Takt des alten Rein-Raus-Spiels, genau 104-mal im Jahr 2004. 1999 hielt der Durchschnittsösterreicher noch bei 144 Bettenstopps, aber das Interesse für Sexualität ist trotz (oder gerade wegen) des zunehmenden Sex-Angebots in Fernsehen, Werbung und Internet weltweit gesunken.

Der Ösi liegt hier also voll im Trend. Die regionalen Unterschiede reichen von den »rammelfreudigen« Kärntnern (116) bis zu den katholischen Tirolern mit enthaltsamen 96 »Schnaksel«-Einsätzen. Offen bleibt, ob die »abgeschossenen« Touristinnen in dieser Statistik aufscheinen oder von den einheimischen Männern einfach unters Bett gekehrt werden.

Was die Umfragen verschweigen, erfährt der Gast ohne Umschweife: Der Schilehrer scheut sich nicht, mit der Touristin aufs Zimmer zu gehen, auch wenn er verheiratet ist. Die Fremden zählen nicht, und es ist gut fürs Geschäft, wenn man sich um die Piefkes auch außerdienstlich ein wenig »kümmert«. Da kommt es durchaus gelegen, dass österreichische Männer in ihrer großen Mehrheit auf Blondinen stehen. Und die findet mann in auffallender Häufigkeit beim Après-Schi, feucht-fröhlich feiernd auf der Hütte am späteren Nachmittag, wenn die Schilifte ihre Beförderungstätigkeit eingestellt haben. Oder nachts in der Diskothek, wenn DJ Ötzi aus den Boxen dröhnt und die Caipirinhas den Blick verklären. Der One-Night-Stand ist hier praktisch ein Urlaubsversprechen: Weltweit hatten 50 % Sex mit jemandem, den sie nie wiedergesehen haben, bei den Ösis sind es 63 %.

Ob die sportlichen Jungs nun besonders gut im Bett sind oder einfach nur besonders »willig«, in dasselbe zu hüpfen, darüber gibt es keine fundierten Untersuchungen. Persönliche Berichte von Touristen sind rar – anscheinend ist die Bereitschaft der Touristinnen, sich vom braungebrannten Stangenwedler verwöhnen zu lassen, doch nicht so verbreitet wie angenommen, oder das reale nächtliche Vergnügen nach einem langen Tag auf der Piste mit anschließendem Hüttenzauber doch nicht so umwerfend wie erwartet.

Doch dem Mythos vom allzeit bereiten Alpen-Casanova tut dies keinen Abbruch. So verwundert es auch nicht, wenn die Schilehrer von St. Anton im Kampf um die Nächtigungszahlen neben ihrem Charme auch ihren Körper einsetzen: Die Lehrer der Schischule Oberlech haben sich für den »Schilehrerkalender« in mehr oder weniger erotischen Positionen fotografieren lassen - mit oder ohne Thermohosen, mit Schistiefeln und (manchmal auch) mit Brettern.

Gib Gummi

Die Österreicher sind Autonarren - aber fahren können sie nicht.

Wenn man einem Östereicher wirklich böse mitspielen will, dann lenkt man das Gespräch auf die nicht vorhandene Autoindustrie. Das Land beherbergt zwar die Europazentrale des weltgrößten Herstellers von Autoteilen (Magna), der zum Teil auch fertige Modelle liefert (BMW X3, Saab 9-3 Cabriolet), hat aber seit dem Untergang des Kleinwagen-Werks »Steyr Puch« in den 60-ern keine eigene Automarke mehr vorzuweisen, was den Ösi zutiefst kränkt. Der heimische Markt ist einfach nicht groß genug. Und die übermächtigen deutschen Konzerne haben immer wieder die besten Konstrukteure abgeworben.

Das war schon beim legendären Ferdinand Porsche der Fall, der in Wien sein erstes Auto für Brown Boveri baute - übrigens ein Hybridmodell - und auf der Weltausstellung 1900 vorstellte. Als sein Arbeitgeber, die Austro-Daimler, die Mittel für die Rennwagenabteilung einsparte, ging er nach Stuttgart und erfand den »KdF-Wagen«, den späteren VW Käfer. Dass Ferdinand Piëch, der Enkel, heute den VW-Konzern praktisch von Salzburg aus regiert, ist eine Ironie der Geschichte und hat handfeste steuerliche Gründe.

Das Auto ist für die Österreicher viel mehr als nur ein Mittel zur Fortbewegung oder zum Transport von Personen und Gegenständen. Vor allem ist es ein wichtiges Statussymbol: Zeig mir dein Auto und ich sage dir, wer du bist. Wer gut verdient, der fährt ein deutsches Auto - aber keinen Golf. Mercedes, Audi und BMW rangieren auf der Rangliste ganz oben, gerne darf es heutzutage ein SUV sein, man fährt am Wochenende ins Gelände. Wer noch mehr Eindruck machen will, leistet sich das neueste Modell mit Sonderausstattung und privilegiertem Kennzeichen (W-IEN 007).

Gastarbeiter kaufen sich mit Vorliebe ältere Mercedes- oder BMW-Kombis, um sich dann mit Frau, Kindern und der halben Wohnungseinrichtung in den Stau auf der Südautobahn einzureihen. Jeder (männliche) Österreicher ist Experte, wenn es um den Preis der neuesten Modelle geht oder darum, wo man günstige Gebrauchtwagen kaufen kann. Fährt jemand ein italienisches Auto oder gar einen Japaner, ist er unten durch; Fahrradfahrer und Fußgänger werden sowieso nicht als ernst zu nehmende Zeitgenossen angesehen.

Beim Autofahren selbst zeigt sich die Nähe zum Balkan. Begibt sich der Österreicher hinter das Steuer, wird er von der Maus zum Monster. Der seriöse Geschäftsmann mutiert zum Rächer im Batmobil, der bedächtige Bürger verwandelt sich in einen rücksichtslosen Rennfahrer, sogar die sozial engagierte Lehrerin wird zur Domina auf Rädern.

Auf der Autobahn zeigt der Österreicher, dass er, wie sehr er auch gedemütigt und herumgeschubst worden ist, immer noch einen Schuss Niki Lauda in seinem Blut hat. Geschwindigkeitsbeschränkungen sind nur was für deutsche Weicheier und wehe, der Piefke versucht einen Spurwechsel anzuzeigen, da wird aber ordentlich Gas gegeben ...

Ein »Bubentraum« ging 2006 für einige Polizisten in Niederösterreich in Erfüllung: Sie durften mit einem Porsche 911 die Verfolgung der Geschwindigkeitsübertreter aufnehmen. Der von der Herstellerfirma geliehene Rennwagen war kurzzeitig der ganze Stolz der Verkehrspolizei. »Die Leute strecken den Daumen hoch und freuen sich, wenn wir sie überholen«, erzählte der Beamte, dem die Gnade zuteil wurde, den Boliden lenken zu dürfen. Leider nur für ein paar Wochen.

Denn der 911 wurde im Monatsrhythmus an das nächste Bundesland weitergegeben - und nach einem halben Jahr war Schluss, weil sich die Regierung doch nicht entschließen konnte, eine Flotte von Sportwagen einzusetzen, um der ausländischen Verkehrssünder habhaft zu werden. In der Praxis stellte sich nämlich heraus, dass der Porsche zwar hervorragend geeignet war, flüchtige Schnellfahrer zu überholen und zu stellen, dass aber zu oft ein zusätzliches Polizeifahrzeug angefordert werden musste, weil für festgenommene Fahrer kein Platz war im Flitzer.

Typisch für den Bericht des österreichischen Fernsehens war, dass man nicht einfach die pure Freude der Sportwagen-Aficionados protokollierte. Was für ein schöner Tag für einen geplagten Beamten, der endlich mal seine Vorliebe für schnelle Autos ausleben darf! Nein, sofort wurde der internationale Vergleich angestellt – zum Nachteil von Österreich. Die Italiener haben nämlich einen Lamborghini im Einsatz. Und noch dazu geschenkt bekommen – auf Lebenszeit.

Im Zusammenhang mit Autos kam Österreich erstmals 1970 in die weltweiten Schlagzeilen: Jochen Rindt geriet beim Abschlusstraining in Monza mit seinem Lotus ins Schleudern und krachte in die Leitplanken. Rindt zog sich bei dem Unfall tödliche Verletzungen im Brustkorb zu, weil er den neuen Sicherheitsgurt (aus Angst vor einem Feuerunfall) nicht richtig angelegt hatte. Der postum zuerkannte Weltmeistertitel machte ihn unsterblich.

Später, als Niki Lauda das Geschehen dominierte, waren die Formel-1-Rennen ein Pflichttermin am Sonntagnachmittag. Dabei besaßen viele Familien damals entweder gar kein Auto oder nur einen Kleinwagen. Eine äußerst beliebte Marke war seinerzeit FIAT: In Kooperation mit dem Turiner Automobilwerk war das einzige jemals in Österreich gebaute Auto entstanden, der Puch

500, von dem immerhin 60.000 Stück verkauft wurden. Dass es sich dabei um ein Mini-Fahrzeug handelte, in das nur Zwergenfamilien passten, konnte den Stolz der österreichischen Konstrukteure, die sonst nur Nutzfahrzeuge bauen durften, nicht mindern. Und: FIAT war die Schwester von Ferrari, also wollten alle einen besitzen, um ihrem Idol Niki Lauda nachzueifern. Dass er den schweren Unfall auf dem Nürburgring (1976), bei dem er beinahe verbrannte, nicht nur überlebte, sondern 42 Tage später schon wieder in seinem Ferrari saß, hat ihn - zumindest in Österreich - zum Superhelden mutieren lassen, den nichts umbringen kann.

»I wer narrisch!«

Die Österreicher feiern Fußballfeste - vor allem, wenn die Deutschen verlieren.

Die Österreicher sind begeisterte Fußballfans. Bei Weltmeisterschaften wird in Massen zugeschaut, obwohl die eigene Mannschaft nur selten am Geschehen beteiligt ist. Auch die Champions League gehört zu den Quotenbringern des staatlichen Fernsehens, obwohl der österreichische Meister selten die Qualifikationsrunde übersteht. Und sogar UEFA-Cup-Spiele werden live übertragen, auch wenn die heimischen Klubs in konsequenter Regelmäßigkeit bereits an den ersten Gegnern aus der Slowakei oder Mazedonien scheitern. Im Länderranking wird Österreich - Stand 2007 - hinter so großen Fußballnationen wie Honduras, Jamaika, Burkina Faso, Sambia und Saudi-Arabien gelistet.

Aber wie für die Politik oder die Kultur gilt auch für den Sport das Motto: Wir waren eine der großen Nationen, wir lassen uns doch nicht von ein paar Jahrzehnten in der Zwergenrolle verunsichern. Einst gab es das »Wunderteam«, das war in den 30er-Jahren des letzten Jahrhunderts, davon schwärmen die österreichischen Fußballfans noch heute. Das »Wiener Scheiberlspiel« - die Bereicherung des schottischen Kurzpass-Spiels durch Individualität und Listigkeit - nahm zuweilen geradezu Showcharakter an. Die von Hugo Meisl und Jimmy Hogan trainierte Nationalmannschaft ging von 1931 bis 1934 in 31 Länderspielen 21-mal als Sieger vom Platz, kassierte nur drei Niederlagen und schoss 101 Tore. Österreich war das Brasilien der 30er-Jahre. »Was Spielwitz und Technik anging, gab es keinen besseren Fußball als den aus Wien«, verkündet der Österreichische Fußballbund (ÖFB) noch heute auf seiner Website. Deutschland wurde 1931 mit 6:0 (in Berlin) und 5:0 (in Wien) deklassiert. Es sollte 47 Jahre dauern, bis Österreich wieder einen Sieg gegen den Nachbarn erringen konnte ...

Bei der WM 1934 scheiterte das Wunderteam im Halbfinale an Gastgeber Italien - und dann war es auch schon vorbei mit der Gloria. 1954 erreichte Österreich noch einmal einen dritten Platz bei der WM in der Schweiz - 6:1 wurden sie im Halbfinale von den kampfstarken, abwehrorientierten Deutschen besiegt, die dann Weltmeister wurden.

Österreich hingegen wurde zwar 1955 unabhängig, doch auch der Staatsvertrag konnte nicht verhindern, dass nach dem frühen Ausscheiden bei der WM 1958 die lange Durststrecke des ÖFB-Teams begann. Sie sollte erst 20 Jahre später enden - mit jenem denkwürdigen Spiel, das in die deutschen Fußballannalen als »Schmach von Córdoba« einging: 1978, in Argentinien, gelang endlich, was die Fans seit Jahrzehnten herbeigesehnt hatten: ein Sieg gegen Deutschland, noch dazu bei einer Weltmeisterschaft. Zwar brachte der 3:2-Erfolg den Ösis gar nichts - die Mannschaft hatte zwei ihrer drei Spiele in der zweiten Finalrunde bereits verloren und daher keine Chance auf ein Weiterkommen -, doch für das Selbstbewusstsein des österreichischen Fußballs war es der größte Erfolg des Jahrhunderts. Nicht umsonst schrie Edi Finger, der ORF-Hörfunkreporter: » I wer narrisch!«

Dieser Erfolg war nicht nur die Rache des Underdogs für alle erlittenen Niederlagen der letzten Jahrzehnte, es war der definitive Erfolg für das neue Wunderteam Österreichs mit den Ausnahmekickern Koncilia, Sara, Pezzey, Hickersberger, Prohaska, »Hanse« Krankl und »Schneckerl« Prohaska. Alle diese Namen fanden sich wenig später auf den internationalen Transferlisten, und noch heute mischen die meisten von ihnen im österreichischen Fußball mit, sei es als Trainer, Manager oder Kommentatoren in Fernsehen und Presse.

Warum war dieser Sieg so wichtig? Weil »die Deitschn« das große Vorbild sind. Während für die eigene Mannschaft schon die Teilnahme an Welt- oder Europameisterschaften als Sensation gilt, werden Wetten auf das Weiterkommen des Nachbarn abgeschlossen, Spiele von Bayern München live im Fernsehen übertragen und an jedem Wochenende die Ergebnisse der (deutschen) Bundesliga kommentiert. Aber gleichzeitig sind die Deutschen der größte Feind. Wichtiger noch als der eigene Erfolg ist der Misserfolg der Deutschen.

Deshalb wurde »Córdoba« schnell zum geflügelten Wort, zum Synonym für den Erfolg des »kleinen Mannes«, für den Sieg des Filigrantechnikers, des lieber noch einen Haken schlagenden Österreichers, über den leistungsorientierten, kampfstarken und zielsicher agierenden Deutschen, der effizient spielt, aber nicht schön. Der zwar erfolgreich ist, aber nicht geliebt wird. Über dem Träumen vom »One-Hit-Wonder« Córdoba 1978 vergessen die Fußballfans gerne die sehr viel frischeren Blamagen wie das international mit Hohngelächter bedachte 0:1 gegen die Färöer-Inseln 1990 oder das 0:9 in Spanien 1999.

Eine Bundesliga gibt es in Österreich auch - gesponsert von einem deutschen Konzern: Das Gedribbel der 10 Mannschaften, die im Herbst und im Frühjahr in der »T-Mobile-Bundesliga« je eine Hin- und Rückrunde spielen, bewegt sich sportlich etwa auf dem Niveau der deutschen Regionalliga. Doch der Werbeaufwand ist immens: Die Teams, die im Sommer 2007 den Kampf um den Titel aufnahmen, hießen zum Beispiel »Red Bull Salzburg«, »FK Austria Magna« (früher einmal: Austria Wien), »Cashpoint SCR Altach« und »SV Josko Fenster Ried«. Nach der Devise »Wer zahlt, schafft an« wechseln die Klubs entsprechend den Sponsorenverträgen ihre Vereinsnamen. Seit einigen Jahren verkaufen die Österreicher ihren Fußball mit Haut und Haaren an den, der gerade am meisten zahlt. Das führt zu grotesken Zuständen - die österreichische Meisterschaft ist mittlerweile zur Operettenliga mit drittklassigem Skandalpersonal verkommen.

Jahrelang hatte der aus Kanada in die Heimat zurückgekehrte Selfmade-Millionär Frank Stronach die Bundesliga mit seinem Geld gesponsert und nach Gutdünken regiert. Seinen Mittelsmann Peter Westenthaler - ebenso wie der bekannteste seiner Angestellten, der smarte frühere Finanzminister Karl-Heinz Grasser, ein Zögling von Jörg Haider - machte er zum Generalsekretär, die Sitzungen des Präsidiums wurden gleich in der Magna-Konzernzentrale abgehalten.

Die Motive des Mäzens blieben im Unklaren: War es eine groß angelegte PR-Nummer zur Imageförderung von Magna Europa, ging es um die TV-Rechte an den Ligaspielen und um seinen geplanten Wettkanal, oder wollte er einfach nur geliebt werden?

Stronach schloss eine »Betriebsvereinbarung« mit der Profiabteilung der Wiener Austria - eigentlich wollte er den Klub einfach kaufen, was aber rechtlich nicht möglich war, da es sich um einen Verein und nicht um eine Firma handelt - und stellte unbegrenzte Geldmittel in Aussicht. Austria Magna verfügte seinerzeit über dreimal so viel Geld wie der zweitreichste Klub der Liga.

Das ging 8 Jahre lang so. Stronach kaufte in diesem Zeitraum rund hundert Spieler, verpflichtete und entließ Trainer im Halbjahresrhythmus, sodass bisweilen drei verschiedene Spielleiter auf seiner Gehaltsliste standen.

Die Austria-Fans immerhin feierten den reichen Sponsor, als ihre Mannschaft - 2003 und 2006 - Meister wurde. Doch weil die internationalen Erfolge ausblieben und die Baugenehmigung für das neue Stadion nicht in der von ihm geforderten Zeit zustandekam, verkündete Stronach 2006 seinen Rückzug. Vorsorglich wurden gleich sechs Stammspieler verkauft, der Vorjahresmeister kämpfte daraufhin gegen den Abstieg.

Mittlerweile hat Dietrich Mateschitz, der Eigentümer von Red Bull, der Liga seinen Stempel aufgedrückt. Auch er träumt von internationalen Erfolgen und hat dafür einen jährlichen Etat von 50 Millionen Euro, zwei Dutzend neue Spieler und den »Maestro« Giovanni Trapattoni zur Verfügung gestellt. Das reichte locker für die nationale Meisterschaft - aber ob man sich aus dem erbärmlichen Niveau der österreichischen Liga auf Champions-League-Level erheben kann, bleibt abzuwarten.

Dabei hat es Salzburg noch gut getroffen. Denn Mateschitz ist Marketing-Profi, daher wird auch der Verein nach professionellen Gesichtspunkten geführt. Die Arbeit überlässt der erfolgreiche Unternehmer seinen Angestellten, er achtet nur darauf, dass seine Investition den maximalen Werbeeffekt erzielt.

Andere Vereine haben weniger Glück mit ihren Geldgebern: Die meisten sind abhängig von Mäzenen, die sich zu Klubpräsidenten wählen lassen, um ihre Gelüste als eitle Selbstdarsteller zu befriedigen und sich dann als resistent gegen fachliche Beratung erweisen. Sechs Vereine gingen seit der Jahrtausendwende pleite, u.a. der FC Tirol mit 50 Millionen Euro Schulden.

In der Saison 2006/7 traf es Sturm Graz. Präsident Kartnig hatte den Klub über Jahre in die Miesen gewirtschaftet und verbrachte einige Spieltage nicht auf der Ehrentribüne, sondern im Gefängnis. Er war sich keiner Schuld bewusst, wie die *Süddeutsche Zeitung* am

13.7.2007 meldete: Schließlich würden ja alle Klubs außer Austria Wien und Salzburg durch schwarze Kassen finanziert. Der Verein durfte nur weiterspielen, weil die steirische Landesregierung mit 750.000 Euro bürgte. Auch der innerstädtische Konkurrent GAK bekam trotz einer Finanzspritze des Landes für die Saison 2007/08 keine Lizenz, und beim SK Austria Kärnten hat der landeseigene Energiekonzern einen Sponsorvertrag unterschrieben, damit Landeshauptmann Haider den Neubau des 30.000 Zuschauer fassenden Stadions - Voraussetzung für die Beteiligung von Klagenfurt an der Europameisterschaft 2008 - irgendwie rechtfertigen kann. Im Schnitt spielt der Klub vor 1000 unentwegten Fans - aber die kommen auch nur, wenn sie es bis Mitternacht wieder nach Hause schaffen: Im Herbst 2007 fanden die

Heimspiele wegen der Bauarbeiten am Stadion nämlich im 250 Kilometer entfernten Pasching statt. Dort hatte der »FC Superfund Pasching«, der einst Werder Bremen aus dem UI-Cup warf, gespielt - bis er seine Erstliga-Lizenz an den Meistbietenden verscherbelte. Zum ersten »Heimspiel« im feindlichen Pasching wurden sage und schreibe 20 Fans aus Kärnten herangekarrt.

Der österreichische Fußballstil ist bis heute geprägt durch das Bemühen um Spielkunst, durch Bewegungsökonomie und durch Unbeständigkeit. So musste Werder Bremen jahrelang zittern, ob der aus Wien importierte Spielmacher Andreas Herzog in Form war oder nicht.

Wenn »alles passte«, war er ein genialer Spielmacher, Vorbereiter und Torschütze; sobald ihn aber der Schuh drückte, er schlecht geschlafen oder einer der Betreuer ein falsches Wort gesagt hatte, gelang ihm nichts mehr.

Generell lässt der Österreicher lieber Ball und Gegner laufen, als selbst zu rennen und zu grätschen, und er verdaddelt eine Torchance lieber, als die Situation durch einen beherzten Schuss in Richtung Tor voreilig zu beenden.

Wie wenig Verlass auf die Österreicher ist, musste auch die deutsche Wettmafia feststellen, als im Rahmen der Ermittlungen rund um den Hoyzer-Skandal folgende Geschichte ans Licht kam: Gesetzt wurden hohe Summen auf zwei Spiele von Sturm Graz, bei denen der abstiegsbedrohte Klub ohnehin hoher Außenseiter war, nämlich gegen die Titelanwärter Austria Wien und Red Bull Salzburg. Um das Restrisiko auszuschalten, erhielten der Trainer 20.000 und ein Stürmer 5.000 Euro Anzahlung.

Doch leider: Sturm erreichte bei der Austria ein 0:0-Unentschieden und besiegte Salzburg mit 4:0. Der Stürmer, den wohl das schlechte Gewissen plagte, entschuldigte sich am Telefon für sein eigenes Tor zum 1:0 und den Sieg seiner Mannschaft - blöd nur, dass dieses Gespräch in Deutschland von der Ermittlungsbehörde bereits abgehört wurde. Die beiden ungeplanten Überraschungen kosteten die Wettmafia offenbar mehr als 100.000 Euro ...

Schifoan

Österreich dominiert den Schisport seit Jahrzehnten - aber nur, weil kein anderes Land der Welt diesen Sport überhaupt ernstnimmt.

Es gibt zwar immer wieder Zweifel, ob Österreich eine »Nation« ist, aber darüber, dass es eine »Schi-Nation« ist, herrscht Konsens - und das, obwohl der Großteil der Bevölkerung im Flachland wohnt. Generationen von Schulkindern sind damit aufgewachsen, dass wegen der Live-Übertragung von Abfahrtsläufen im Fernsehen der reguläre Unterricht ausfiel. Sowas prägt. Österreicher lernen schon als Kinder: In diesem Sport sind wir die Größten - auf der Piste kann uns niemand das Wasser reichen.

Aber wollen die anderen überhaupt konkurrieren? Manchmal drängt sich ein unheimlicher Verdacht auf: Hat die Weltgemeinschaft dem kleinen Österreich den Schisport geschenkt, damit das Land sich in der Illusion einstiger Größe wiegen kann? Ist das Ganze nur ein Fake? Ein Sturm im Wasserglas, der im Rest der Welt nicht weiter beachtet wird? Wo erfährt man schon die Ergebnisse von Schirennen (wenn man sich nicht gerade in Süddeutschland, der Schweiz oder Österreich aufhält)? Wen interessiert, wer am schnellsten einen Hang hinuntergerast ist? Sei's drum - die Österreicher jedenfalls halten ihren Lieblingssport für weltbedeutend, und sie haben ihm sogar ein »alpin« vorgesetzt, um ihn von den »nordischen« Disziplinen abzugrenzen, in denen die Skandinavier dominieren.

Und egal, ob der Schizirkus in Schladming, Zürs, St. Anton am Arlberg oder Kitzbühel Station macht, gefeiert wird auf jeden Fall. Die Zuschauermassen frieren sich im Glühweindusel den Arsch ab, macht nix, Hauptsache, man kann den heimischen Schistars zujubeln und erhascht einen Blick auf die Prominenz auf der Bühne und im Rahmenprogramm. Gewinnt dann auch noch eine Österreicherin den Slalom, stehen die Burschen aus der Heimat nebeneinander auf dem Stockerl (dem Siegerpodest), ist der Stolz unermesslich. Das ganze Land feiert mit, Fernsehen, Radio, Boulevardzeitungen, ja sogar die sogenannten seriösen Blätter jubeln. Das entschädigt für die Demütigungen im Fußball und in all den anderen Sportarten, wo die Alpenrepublik unter »ferner liefen« rangiert.

Führt Österreich in der Nationenwertung nicht haushoch vor allen anderen, werden täglich Kommentare zum »Fehlstart in den Winter« oder zur Krise der Herrenmannschaft verfasst. In diesem Metier dominieren die früheren Heroen: Franz Klammer erklärt Österreich, warum diesmal die Bergfexe aus Colorado schneller sind als Maier und Co, versichert dem p. t. Publikum aber, dass es schon noch werden wird mit dem »Herminator«, schließlich steigert der sich von Rennen zu Rennen, und letzthin war er trotz Verletzung im Training schon wieder unter den ersten drei ...

Der Weg an die Spitze ist nicht immer leicht, und besonders der Österreicher, der praktisch als Bergsteiger auf die Welt kommt, muss die Mühen der Ebene hinter sich lassen, um die Höhen zu erklimmen. Der Schifahrer Hermann Maier ist ein besonders gutes Beispiel für den Helden, der »auffi muass« (den es nach oben drängt). Verletzungen sind für ihn nur ein Zwischenstopp zu neuen Erfolgen. So markierte der 24. August 2001 zwar einen Tiefpunkt in den Beziehungen zwischen Deutschland und Österreich: An jenem Tag war der Superstar auf seinem Motorrad unterwegs und wurde von einem Autofahrer angefahren - oder, wie es die Boulevardzeitungen so treffend formulierten, von einem deutschen Rentner »abgeschossen«. Tagelang zitterte die ganze Nation um ihren Helden. Nierenversagen, Amputation des verletzten Beines und andere Horrorszenarien wurden kolportiert. Aber Hermann Maier, eben erst zum »bedeutendsten Österreicher des Jahres« gewählt, überstand auch diesen Angriff auf seinen Superheldenstatus und hat sich mit Krafttraining, guter Laune und ganz bestimmt nur absolut erlaubten Substanzen wieder in Form gebracht.

Internationale Medien allerdings waren seit jeher verwundert über den Muskelzuwachs des »Herminators«. Auf natürlichem Wege sei so eine Entwicklung gar nicht möglich, mutmaßte der Mannschaftsarzt der Italiener. Weil aber die offizellen Daten unter Verschluss gehalten wurden, ging die Geschichte stillschweigend unter. Die schnelle Genesung Maiers nach seinem schweren Unfall und sein sensationelles Comeback erstaunte die Fachleute wie die Laien gleichermaßen. »Intensives Training und ein eiserner Wille katapultierten den Salzburger Ausnahmeathleten wieder in die Medaillenränge« - so der Tenor der heimischen Medien.

Andere - wie der Teamarzt der Schweizer Schifahrer - fanden es erstaunlich, dass er innerhalb eines Jahres acht Kilo an Muskelmasse zulegte. Und dass Maier jetzt auch noch Asthmatiker sein soll. Der Hintergrund: Die in den Medikamenten gegen die Krankheit enthaltenen Kortikoide ermöglichen eine bessere Energiebereitstellung im Muskel und wirken schmerzlindernd.

2006 sorgte das österreichische Olympiateam in Turin für große Aufregung: Langlauftrainer Walter Mayer wurde in der Unterkunft der Mannschaft gesichtet, obwohl er nach der »Blutbeutelaffäre« in Salt Lake City 2002 - eine Behandlung der österreichischen Athleten mit Eigenblut wurde vermutet, konnte aber nicht nachgewiesen werden - von den Olympischen Spielen ausgeschlossen worden war. Und so nahm die italienische Polizei den Aufenthalt des einschlägig bekannten Mediziners im Stützpunkt der Ösi-Mannschaft zum Anlass für eine Dopingkontrolle. Bei der Razzia wurden über 100 Spritzen, 30 Schachteln mit Medikamenten und diverse Apparte für Bluttests und Transfusionen sichergestellt.

Mayer lieferte sich eine Verfolgungsjagd mit den Polizeibehörden und wurde schließlich in Kärnten betrunken festgenommen, nachdem er eine Polizeisperre durchbrochen und einen Unfall verursacht hatte.

Er bestreitet noch heute alle Dopingvorwürfe, die betroffenen Sportler sperrte das IOC trotzdem lebenslang.

KULTUR UND MEDIEN

Unterhält man sich mit kulturinteressierten Österreichern oder liest man den Kulturteil der Zeitungen und Magazine, fallen einem zwei Phänomene auf, die jedes für sich extrem nervend sind und die vordergründig im Widerspruch zueinander stehen: Da ist zuerst die weit

verbreitete Meinung, dass alles, was im Land selbst passiert, unglaublich wichtig ist. Die Ösis halten sich für den Nabel der Welt. Welche Bühne könnte wichtiger sein als das Burgtheater, welches Opernhaus mehr Zuschauer anziehen als die Staatsoper? (Oder kennen Sie ein anderes Land, in dem im Rahmen der Fernsehnachrichten ein Theaterkritiker zugeschaltet wird? Claus Peymann würde dem ARD-Gremium seine Seele verkaufen, damit Tom Buhrow einmal in den »Tagesthemen« sagt: »Und jetzt schalten wir ins Berliner Ensemble.«)

Jeder zweite deutschsprachige Literatur-Preisträger kommt aus dem Alpenland, und die wichtigsten Werke der Kunstgeschichte sind hier zu sehen. Ganz abgesehen von den intelligentesten Pferden des Planeten, den Lipizzanern, die in der Wiener Hofreitschule ihre Pirouetten drehen und zum heimischen Kulturgut gezählt werden.

(Dass es außerhalb ihres Landes auch noch bemerkenswerte Aufführungen, Konzerte, Museen oder Festivals geben soll, wissen die Ösis - wenn überhaupt - nur vom Hörensagen.)

Weil aber »Kultur« vor allem touristisch verwertbare Denkmalpflege meint, werden auf der anderen Seite diejenigen Künstler, die den konservativen Konsens von Gründerzeitarchitektur, barocker Musik und gediegener Bühnenunterhaltung in Frage stellen, umso heftiger attackiert (→ »Gschamster Diener ...«, S. 36). Die latente Ablehnung alles Neuen geht Hand in Hand mit der rechtsradikalen Propaganda, die gegen sogenannte »Staatskünstler« hetzt und der Förderung alternativer Kultur ihre Existenzberechtigung absprechen möchte. Aber es fällt wohl auch schwer, den Wert des Neuen zu erkennen, wenn die Vergangenheit dermaßen die Sicht verstellt und sich Modernität in der Interpretation der »Alten Meister« erschöpft.

AEIOU

Alles Erdreich ist Österreich untertan. Dieser Meinung sind zumindest die Kulturschaffenden.

Der Wahlspruch der Habsburger - A.E.I.O.U. (Austria erit in orbe ultima; Österreich wird ewig währen) - stammt von Kaiser Friedrich III. (1415-1493), die Verballhornungen dieser Formel sind Legion. »Am End' is' ollas umasunst« lautet die defätistische Übersetzung ins Wienerische. Doch so schnell geben sich wahre Überlebenskünstler nicht geschlagen - und zu denen gehören die Kulturschaffenden und -manager aus dem Alpenland auf jeden Fall. Obwohl die k.u.k. Monarchie seinerzeit schon den Anschluss an die Moderne auf dem politischen Parkett und in der wirtschaftlichen Entwicklung versäumt hat und die imperialen Zeiten längst Schnee von gestern sind, neigt der Österreicher dazu, sein Land als Mittelpunkt und Krone (nicht nur) der deutschsprachigen Kultur zu betrachten.

Seinen Anfang nimmt das alljährlich gleiche Ritual der Kultur-Highlights mit dem traditionellen Neujahrskonzert der Wiener Philharmoniker. Das Konzert wird - aktueller Stand 2007 - von 53 Fernseh- und 38 Radiostationen in 73 Ländern gesendet. Der künstlerische Wert der Darbietungen - es handelt sich um ein Programm mit »heiteren und besinnlichen Melodien« der Strauss-Dynastie und einiger Zeitgenossen der Walzerkönige - ist durchaus überschaubar, aber die Popularität der Veranstaltung ist ungebrochen: Die Karten für dieses Großereignis sind so begehrt, dass man sich bereits im Januar fürs nächste Jahr anmelden muss - nicht etwa für den Kauf der Karten zum Preis von 170 bis 680 Euro, sondern für die Verlosung der Kaufberechtigungen.

Es folgt die Ballsaison als für die Adabeigesellschaft aufregendster, für den Rest sterbenslangweiliger Teil des österreichischen Kulturjahres. Höhepunkt ist der Opernball, zu dem sich alle einfinden, die Rang und Namen haben - oder zumindest genug Geld, um sich eine Loge zu leisten. Die begehrten Plätze gibt es mittlerweile nurmehr für Förderer der Wiener Staatsoper - die Mitglieder in diesem exklusiven Verein zahlen bis zu 60.000 Euro pro Jahr. Das ist sogar dem Ex-Finanzminister und nunmehr »Industriellen« Hannes Androsch zu viel, der im Jahr davor noch gerne 16.000 Euro hinlegte, um seine Freunde einzuladen. Charmant, nicht wahr? Der Eintritt für Normalsterbliche kostet übrigens 200 Euro - ohne Sitzplatz und ohne Verköstigung, versteht sich.

Im Sommer trifft man sich bei den Salzburger Festspielen. Die Gassen der Altstadt sind voll, in den Kaffeehäusern kostet alles doppelt so viel wie sonst. Die Karten wie auch die Hotels sind über Jahre ausgebucht. Man kann eigentlich nur aus der Stadt flüchten, sobald auf dem Domplatz der Ruf nach dem »Jedermann« ertönt, mit dem die Salzburger seit 1920 auf die kommenden Wochen eingestimmt werden. Hugo von Hofmannsthal schrieb das Stück extra dafür, Max Reinhardt inszenierte und Richard Strauss war der Dritte im Bunde derer, die abseits der Metropolen ein Festival mit den besten Schauspielern, Sängern und Musikern ihrer Zeit begründen wollten. Für das Salzburger Hotel- und Gastronomiegewerbe war es auf jeden Fall ein Glückstreffer. In den 20er-Jahren reisten die Freunde und Bewunderer aus Berlin an und erfüllten die Kleinstadt an der deutschen Grenze mit dem Flair internationaler Bedeutung. Später war es vor allem die Münchner Wirtschafts- und Politprominenz, die sich und ihre Freunde aus dem Rest der Bundesrepublik nach Salzburg einlud und sich dort mit der Wiener Operngesellschaft traf. Herbert von Karajan regierte die Festspiele von 1960 bis 1989 als »letzter absolutistischer Herrscher«, wie es ehrfurchtsvoll auf deren Homepage geschrieben steht. Sein Nachfolger Gerard Mortier hat dann einige Jahre gebraucht, um den ganzen Laden zu entstauben und ein Programm zu etablieren, das nicht nur Prominente, sondern auch wirkliche Opern- und Theaterfans in die Touristenhochburg lockt.

Im Herbst zeigt das Filmfestival »Viennale« ein Best-of von Berlinale, Cannes und Venedig, aufgepeppt mit einem Schuss Hollywood und einer Prise Experimentalfilm aus den abgelegeneren Regionen des Weltkinos. Und wer dann noch nicht genug hat, kann das Jahr auf dem »Silvesterpfad« in der Wiener Innenstadt mit einem bunten Reigen von Musikdarbietungen aus aller Herren Länder zum Abschluss bringen.

Kongenial begleitet wird diese Bauchnabelkultur von den Schriftstellern. Egal, womit sie sich vorgeblich beschäftigen: Ihr Thema ist immer und ausschließlich Österreich. Peter Handke lebt schon seit ewigen Zeiten in Frankreich, aber seine Kärntner Heimat hat ihn nicht losgelassen (»Das Fette, an dem ich würge: Österreich«). Seine intensive Beschäftigung mit der jugoslawischen Katastrophe, die bis zu der für alle außenstehenden Beobachter unverständlichen Sympathie für Slobodan Milosevic führte, ist natürlich eine Folge der sofortigen politischen Anerkennung der Nachfolgestaaten durch die österreichische Regierung.

Ernst Jandl hat einen vielbeachteten Beitrag zur absurden Literatur geleistet - aber der überzeugendste Teil seines Werks sind die Aphorismen zu seinem Heimatland (»Rot - ich weiß - rot«). H. C. Artmann hat zwei Dutzend Sprachen gelernt, die Legenden und Märchen der Kelten, Waliser und anderer ausgestorbener oder marginalisierter Völker nacherzählt - aber in letzter Konsequenz waren es seine Bücher im Wiener Dialekt, die den meisten im Gedächtnis geblieben sind - (besonders der Geschichtsband »Med ana schwoazn Tint'n«).

Thomas Bernhard hatte sowieso kein anderes Interesse, als seine unmittelbare Umgebung zu beschreiben - er hat das ganze Land auf die Bühne gestellt. Und Elfriede Jelinek hat den Nobelpreis »für den musikalischen Fluss von Stimmen und Gegenstimmen« erhalten, »die mit einzigartiger sprachlicher Leidenschaft die Absurdität und zwingende Macht der sozialen Klischees enthüllen« - so die Begründung des Komitees. Aber die Umstände, die sie beschreibt, die gibt es so nur in der österreichischen Idylle aus Bergwelt und Denunziaton.

»Sozialistische Staatskünstler«

Die Österreicher lieben die Ruhe. Wer sie stört, ist ein Querulant und gehört bestraft.

Weil die Österreicher so stolz auf ihre Hochkultur sind, dass sie sie als Staatsangelegenheit betrachten, echauffieren sie sich ausgiebig über all jene, die den Konsens stören. Ausgiebig machte diese Erfahrung Claus Peymann, der von 1986 bis 1999 das Wiener Burgtheater leitete - und hingebungsvoll die Konfrontation mit dem Wiener Publikum, mit den Kritikern und den Medien suchte.

Und die konnte er haben, wie die jahrelange Hetze des Wiener Boulevards gegen den »Piefke« auf dem Thron des heimischen Theaters zeigt. Zur Illustration ein Stück »Reimkunst« aus der *Kronenzeitung* vom 15. Februar 1998:

> Wenn Peymann nächstes Jahr, gottlob,
> die »Burg« verläßt, sein Biotop,
> das er erfüllt mit Sumpfes Fäule,
> dann braucht es wohl noch eine Weile,
> bis daß die Bretter wieder blank
> und sich verzogen der Gestank
> des wahrlich penetranten Drecks
> der Mühls, Turrinis, Jelineks.

Die Kolumne, in der das erschien, heißt: »In den Wind gereimt«. Dabei ist es doch eher ein gereimter Wind, der dem Autor da entfahren ist. Es war der unappetitliche Endpunkt der Schmutzkübel-Kampagnen, losgetreten von ausländerfeindlichen Politikern, angefeuert von konservativen Kritikern und großflächig verbreitet von der *Krone*. Das Burgtheater ist eben eine österreichische Institution, und wird es nicht so geführt, wie sich die Bewacher der traditionellen k.u.k.-Kultur das vorstellen, gilt das sofort als Angriff auf den Staat – vor allem, wenn ein Stück sich auch noch kritisch mit der jüngeren österreichischen Vergangenheit auseinandersetzt, wie »Heldenplatz« von Thomas Bernhard oder »Ein Sportstück« von Elfriede Jelinek. Man will seine Ruhe haben und nicht belästigt werden von den »sozialistischen Staatskünstlern«. Und Peymann trat vielen zu nahe – einfach nur, indem er einige Wahrheiten über die österreichische Mentalität offen aussprach. 1988 gab er dem Journalisten André Müller ein vielzitiertes Interview, in dem er sagte, dass seine »Neigung, auf die Wiener Schmeicheleien hereinzufallen, sehr groß« sei. »Ein solche Subordinationsmentalität« habe er in seiner ganzen Laufbahn noch nicht erlebt, »guten Morgen, Herr Direktor, grüß Gott, Herr Direktor, grauenvoll (...), das ist reinster Kadavergehorsam.«

Der Kritiker Hans Weigel sprach daraufhin von einer »Österreicher-Verfolgung«, ja einem »Österreicher-Pogrom«, weil am Burgtheater nicht nur ein deutscher Direktor, sondern auch mehrere deutsche Schauspieler beschäftigt seien, »die sich einen Staat im Staat geschaffen haben, der zwar vorläufig mit dem Areal des Burgtheaters begrenzt ist, aber man weiß ja nie, was kommen wird und kommen soll«. Weigel sagte das in seiner Rede zur Verleihung des »Staatspreises für Verdienste um die österreichische Kultur im Ausland« und er schloss mit den Worten: » Wir haben die Jahre des Dritten Reichs überlebt, wir werden auch das überleben, danke.«

Die Hetze gegen die Künstler und ihre Förderer ist nicht zu unterschätzen. Es geht darum, ein Klima zu erzeugen, in dem die »linke Kulturschickeria« als Hassobjekt identifiziert und die Moderne als »Zeichen einer fortgeschrittenen Dekadenz der westlichen Gesellschaft« angeprangert wird - so nachzulesen in Jörg Haiders Buch »Plädoyer für die Dritte Republik«.

In Österreich weltberühmt: der Austropop

Die Österreicher finden ihren Beitrag zur Popkultur großartig. Der Rest der Welt ist da zurückhaltender.

»Da Hofa woa's vom Zwanzgerhaus / der schaut ma so verdächtig aus / da Hofa hot an Aunfoi kriagt / und hot die Leich' do massakriert.« Mit dieser billigst produzierten Single des Autodidakten Wolfgang Ambros begann 1971 ein Phänomen, das später unter dem Begriff »Austropop« vermarktet werden sollte. Ambros war nicht der Erste, der den Wiener Dialekt gebrauchte, aber er war ein junger »Wilder«, einer, der gegen Konventionen verstieß, ein Rock'n'Roller eben. André Heller war schon vorher da, aber eben ein Bürgersöhnchen, das das Popradio Ö3 mitgegründet hatte und intellektuelle Lieder an der Gitarre vortrug. Und Georg Danzer sollte erst später bekannt werden, vor allem mit seinem »Jö schau - ein Nackerter im (Café) Hawelka«.

30 Jahre später wurde Ernte gehalten: Als »Austria 3« gaben die drei bekanntesten und erfolgreichsten Vertreter des »Austropop« - Wolfgang Ambros, Georg Danzer und Rainhard Fendrich - Konzerte und wechselten dabei virtuos zwischen lyrischen Balladen mit Akustikgitarren-Begleitung und bombastischen Hits, die von der Begleitband mit großer Virtuosität zu Stadionrock-Format aufgepumpt wurden. In manchen Rezensionen war gar

von einer »Art Crosby, Stills & Nash von der Donau« zu lesen.

Die drei älteren Herren präsentierten sich als Querschnitt durch die österreichische Gesellschaft - vom vordergründigen »Charmeur« und Ex-»Herzblatt«-Moderator Fendrich über den erdigen Ambros (»zwischen Gasse und Gosse«) bis zum eher vergeistigten Danzer, dessen Liedern die melancholische Grundhaltung des Intellektuellen innewohnt.

Dazu kommt die Sprache: das Wienerische - »eine wunderbare Sprache im Übergang vom Deutschen ins Englische«, schrieb Andreas Obst 1998 in der *FAZ*, »eine hinreißende Rocksprache, mit geradezu verschwenderischen Möglichkeiten der Diminution - und wie sich die Silben verschleifen lassen, ganze Zeilen musikalisieren.« Es eignet sich besser für Songtexte als das spröde Hochdeutsch, bei dem man immer die 50er-Jahre-Schlager von Caterina Valente und Peter Kraus vor Augen hat.

Das Erfolgsrezept des Austropop ist so simpel wie gewöhnungsbedürftig und besteht in der Einverleibung sämtlicher musikalischer Vorbilder. Bob Dylan und Tom Waits werden ins Wienerische transponiert und damit zu einem Bestandteil der heimischen Kultur. Nicht die Öffnung nach außen ist das Prinzip, sondern das Einverleiben des Fremden.

Was Ambros mit seinen amerikanischen Vorbildern schaffte, das gelang seinen alten Kumpels mit der Neuen Deutschen Welle: Als diese ihren Höhepunkt schon lange überschritten hatte, schäumte es noch einmal gewaltig in den Hitparaden, und aus den Lautsprechern dröhnte die gemeinsame Hymne der Berliner Geschwister

Humpe und des österreichischen Kabarett-Duos Joesi Prokopetz und Manfred O. Tauchen: »Und ich düse, düse, düse im Sauseschritt / und bring dir Liebe mit / von meinem Himmelsritt.«

Die zuckersüße, »Codo« betitelte Single hielt sich 18 Wochen lang in der deutschen Hitparade, 5 Wochen lang war sie sogar Nummer 1, und sie wurde 1,2 Millionen Mal verkauft. Sogar von der LP »DÖF«, die neben dem zweiten Single-Hit »Taxi« noch ein halbes Dutzend Lieder, teils Hochdeutsch, teils im Wiener Dialekt gesungen, und kabarettartige Sprechstücke enthielt, die für deutsche Ohren höchst seltsam klangen, wurden 500.000 Stück verkauft.

Manch einer sah beim Plattenkauf zum ersten Mal in seinem Leben eine Karikatur von Manfred Deix, der das

Cover gemalt hat, und manch anderer rieb sich die Augen, weil die Abkürzung der Band sie an die »Deutsch-Amerikanische Freundschaft« (DAF) erinnerte.

Es gibt viele Beispiele für diese Haltung, und deshalb hat sich auch nie eine eigenständige Popmusik entwickelt. Dass Opus (»Life is live«) oder DJ Ötzi (»Anton aus Tirol«) auch außerhalb Österreichs Nr.-1-Hits hatten, kann man dem kurzzeitigen Aufleben einer globalen Schihüttenschunkelei zuschreiben. Der Einzige, der über diese Szene kurzzeitig hinauswuchs, war Falco, der mit »Rock me Amadeus« den Nerv der Zeit traf - und doch kein internationaler Star wurde, weil er einen entscheidenden Fehler machte: Geht der Österreicher hinaus in die Welt und möchte zugleich seine heimischen Wurzeln behalten, so muss er zwangsläufig scheitern. Nur wenn er sich völlig loslöst von den vermeintlichen Freunden, die zu Hause sitzen und warten, ob es »geht« oder nicht, ob der Größenwahnsinnige sich durchsetzt oder scheitert, nur wenn er die vergisst, die furchtsam vor dem Höhlenfeuer sitzen und warten, ob der Jäger zurückkehrt oder gefressen wird - nur dann wird er als »Drüberflieger« empfangen und seine Freunde beschämen.

Falco war eine Zeit lang »Hoch wie nie« und seine (vermeintlichen) Freunde durften daran teilhaben. Er war der Repräsentant des Aufbruchs, der Held einer neuen Generation, deren Helden »Siouxsie & the Banshees« und »The Clash« waren. Ihr Medium war die erste »Zeitschrift für Zeitgeist«: der *Wiener*, seit 1979 auf dem Markt, verlegt von Hans Schmid und Gert Winkler. Beide waren Creative Directors bei GGK-Wien und galten als die kreativsten und erfolgreichsten Köpfe der Werbebranche. Der *Wiener* entwickelte sich rasch vom Szeneblättchen zum Style-Berater (und lukrativen Werbeträger) für die New-Wave-Generation, die die neugegründeten Bars am Wiener Ring, das berühmte »U4« unter der U-Bahn-Station Meidling oder das »Ska« in Graz bevölkerte.

Falco, der als Bassist der »Hallucination Company« und der Band »Drahidwaberl« in der Wiener Subkultur bisher nur durch sein Bühnenoutfit aufgefallen war - er pflegte seine Designeranzüge durch einen Plastiküberzug zu schützen -, hatte 1981 seinen ersten (internationalen) Hit. »Der Kommissar« war eine dem aktuellen Rap-Standard angepasste Version seines Underground-Klassikers »Ganz Wien«, in dem der Drogenkonsum der Szene thematisiert wurde.

1984 erschien seine LP »Junge Römer«, er war naturgemäß der Cover-Star des *Wiener* und überhaupt sehr angesagt. Die Musik war ein Endlos-Remix von Grandmaster Flash mit ziemlich viel Weichspüler, die Texte waren ein aufgeblasener Schwachsinn, hochdeutsch, englisch, italienisch, sich international gebend, aber typisch »münchnerisch«, soll heißen: ein guter Auftritt, aber nichts von Dauer. Das Album war in Österreich nur mäßig erfolgreich, im Ausland - sofern überhaupt vertrieben - landete es schnell im Ramschregal.

Aber die Journalisten, die die Jubelhymnen auf Falco geschrieben hatten, fühlten sich - so wie er - als die neuen Eroberer und zogen aus, um der Welt ihre Sicht der Dinge kundzutun.

Und so gelang Falco 1985 der Coup des Jahrhunderts: Er veröffentlichte zeitgleich mit dem europäischen Kinostart des Mozart-Films »Amadeus« von Milos Forman seine Single »Rock me Amadeus«. Über den Umweg MTV Europe, wo das von Rudi Dolezal und Hannes Rossacher (DoRo) produzierte Video rund um die Uhr lief, gelangte die Single im März 1986 als erster deutschsprachiger Song für drei Wochen auf Platz 1 der amerikanischen Billboard-Charts.

Für Dolezal und Rossacher war das Video - in den All-Time-Clipcharts des *Rolling Stone* auf Rang 25 gelistet - ein Türöffner, der ihnen Aufträge der berühmtesten Bands brachte und die »Torpedo Twins« wie sie bald genannt wurden, in die höchsten Gefilde des Musikgeschäfts katapultierte. (Dass beim Dreh inhaltlich und stilistisch auf eine Drahdiwaberl-Produktion zurückgegriffen wurde, ja teilweise sogar dieselben Statisten mitwirkten, haben die beiden geflissentlich verschwiegen.)

Im Jahr 1986 startete auch *Tempo* - die früheren *Wiener*-Macher Gustav Peichl, Michael Hopp (Chefredaktion) und Lo Breier (Art Director) wanderten nach Hamburg aus, um den »New Journalism« nach amerikanischem Vorbild in Deutschland zu etablieren. Das Motto war: »Raus aus der Redaktion, egal wohin.« Die Helden jenseits des Atlantiks waren Hunter S. Thompson mit seinem »Gonzo-Journalismus« und die Schriftsteller Tom Wolfe, Truman Capote und Norman Mailer.

Zumindest den deutschen Finanziers, die ihr Geld nur dann investieren, wenn ein Projekt Hand und Fuß, sprich: einen für sie verständlichen theoretischen Überbau, hat, wurde dies als Konzept verkauft. In Wirklichkeit ging es einfach darum, ein Zeitgeistmagazin zu machen - wie schon in Österreich, nur für ein größeres Verbreitungsgebiet. Das erkannte auch der Bauer Verlag - und brachte zeitgleich den deutschen *Wiener* auf den Markt.

»Den Schnee, auf dem wir alle talwärts fahr'n, kennt heute jedes Kind«, sang Falco einst. Er hat die Fahrt nicht überlebt. Auf der Weihnachtsfeier der Lauda Air gab er 1997 sein letztes Konzert, im Februar 1998 starb er bei einem Verkehrsunfall in seiner Wahlheimat, der Dominikanischen Republik. In seiner Heimat wurde das »One Hit Wonder« nach seinem Tod zum Nationalhelden. Der Niedergang könnte deutlicher nicht sein: Sein Grab wird geschmückt von einer Glasplatte mit einem Foto des Stars in einer Art Robe. Und obwohl all seine Hits eingraviert sind, sieht er aus der Entfernung aus wie ein schwarzer Vogel, der seinen Schnabel in die Erde gerammt hat. Im 5. Wiener Gemeindebezirk, wo er aufgewachsen ist, wurde ihm ein Treppenaufgang gewidmet, die »Falco-Stiege«. Es ist kein Aufgang zur Showbühne, es sind nur ein paar Stufen zur U-Bahn. Dorthin zurück, woher er kam: dem Wiener Untergrund.

Aber besser ein guter Abgang als eine üble Nachrede, mag sich mancher denken, der die Entwicklung der Helden unserer kleinen Erzählung aus der Geschichte der Popkultur in den letzten Jahren verfolgt hat: Der Austropopper Rainhard Fendrich wird bei einer Razzia mit Kokain erwischt, Wolfgang Ambros seine Scheidungsgeschichte in der Boulevardpresse lesen muss. Dolezal und Rossacher verwursten nach der phänomenalen Pleite ihres weltumspannenden Video-Produktions-Imperiums ihr Archiv für arte-Dokumentationen und verkaufen dem ORF eine Endlos-Serie über »50 Jahre Austropop«. Michael Hopp betreut nach einem Zwischenstopp bei *Fix & Foxi* und Lo Breier Art Director der *Bild am Sonntag*.

Markus Peichl hingegen hat uns 2006 noch einmal gezeigt, wie er die Welt sieht. Für die einmalige Ausgabe *20 Jahre Tempo* - der ersten, die mit ihren 115 Anzeigenseiten (bei einem gefühlten Umfang von 20 Millionen Druckzeilen) dem Verleger wohl auch Geld einbrachte - scharte er alle verfügbaren Ehemaligen um sich (und ein paar Prominente wie Frank Schirrmacher, Bryan Adams oder Gesine Schwan dazu) und verkündete gewohnt großspurig: »Endlich! Die Wahrheit!« mit der rauchenden Kate Moss auf dem Cover (Rebel Rebel!). Die endgültige Wahrheit wird auf acht Anzeigenseiten am Ende des Heftes ausgebreitet, auf denen die MitarbeiterInnen in den Klamotten von Viktor & Rolf posieren: *Tempo* heißt jetzt *H&M*.

Die Krone der Zeitungslandschaft

Der Österreicher ist informiert. Er hat sich seine eigene Meinung gebildet - in der Regel dieselbe wie 2,9 Millionen andere Österreicher.

Die erfolgreichste Zeitung der Welt wird in Österreich gemacht: die *Neue Kronenzeitung*. Ihren Erfolg verdankt sie derselben Strategie wie *BILD*: »den Leuten aufs Maul zu schauen«, wie es Verleger Hans Dichand ausdrückt. Im Klartext: Das Boulevardblatt verkauft sich so gut, weil es die vorhandenen Vorurteile aufgreift und verstärkt. Kein Tag vergeht ohne einen Artikel über Asylbewerber, die eines Verbrechens angeklagt wurden. Und natürlich ist »das Ausland« schuld an wirtschaftlichen Misserfolgen, die EU am mangelnden Schutz der österreichischen Umwelt und die Ausländer an der Arbeitslosigkeit. Bemerkenswert ist allerdings, dass der Start der *Krone* seinerzeit von einem Gewerkschaftsboss finanziert wurde - dieser eigentlich ja aufklärerisch-linken Tradition stellt das Blatt seit jeher ein peinliches Armutszeugnis aus. Die *Krone* erreicht eine Verkaufsauflage von 860.000 Exemplaren, die Hälfte davon im Abonnement. Täglich wird sie von 2,9 Millionen Österreichern gelesen, das sind 36 % der Bevölkerung. Finanziert von Franz Olah, einem (eher populistischen als linken) Volkstribun und Gewerkschaftsführer, erschien die erste Ausgabe am 10. April 1959. Schon bald wurde sie zum Vorreiter des modernen Pressewesens, die ihr Verbreitungsgebiet wie auch ihre Auflage mit Hilfe von Geschenkaktionen und Preisausschreiben von Wien aus zuerst nach Osten und Süden, später auch gen Westen ausdehnte und überall dort, wo die lokale Presse nicht in der Lage war, auf diese Attacken zu reagieren, die Führungsposition übernahm. Die ländlichen Gemeinden wurden durch die großflächige Verteilung von Kochbüchern und das Aufstellen von Schildern an den Ortseinfahrten erobert.

Der Name der Zeitung leitet sich von der »Kronen«-Münze ab, dem Preis für eine Ausgabe der Vorkriegs-Illustrierten *Kronenzeitung* mit Klatschgeschichten, Erbaulichem und »Wissenswertem aus aller Welt«. Mehr noch aber hat die Namensgebung wohl mit der Sehnsucht nach der k.u.k.-Zeit zu tun. Mit seinem Hetzjournalismus steht das Boulevardblatt allerdings ganz im Hier und Jetzt: Es denunziert Kulturschaffende, nennt die Namen von Tatverdächtigen, führt Kampagnen gegen den tschechischen Nachbarn, um die Schließung der dort betriebenen Kernkraftwerke zu erzwingen, und erwirtschaftet dem Verleger ein geschätztes Monatseinkommen von 600.000 Euro.

So wie *BILD* in Deutschland von vielen Politikern als meinungsbildendes Medium Nr. 1 betrachtet wird, hat die *Krone* 42% Reichweite bei den österreichischen Führungskräften - doppelt so viel wie die sich seriös gebenden Zeitungen *Der Standard* und *Die Presse*.

Die Politiker jeglicher Couleur haben es sich selbst zuzuschreiben, wenn ihre Führungsstärke angezweifelt wird oder Gesetzesvorhaben schon im Vorfeld gekippt werden, haben sie doch die Meinungsführerschaft dieses Revolverblatts weitgehend anerkannt und mit dem kleinen Elefantenbaby im Zoo für das Bild des Tages posiert oder mit Kindern bei der Eröffnung des neuen Horts.

Bestimmt gehört es zum Erfolgskonzept der *Krone*, dass in ihr auffallend viele betagtere Journalisten schreiben. Der Altersdurchschnitt der Kolumnisten dürfte weit über der Pensionsgrenze liegen, das verbindet sie mit ihren Lesern und Leserinnen. Die interessieren sich verständlicherweise nicht für After Office Parties, Weekend Specials und Avantgardefilme, die von den sehr viel jüngeren Redakteuren der anderen Zeitungen besprochen werden, sondern vornehmlich für Fernsehen, Volksmusik, Stars und Verbrechen.

Und vielleicht lachen sie sogar über die wenig schmeichelhaften Porträts ihrer Nachbarn, die Manfred Deix
für die *Krone bunt,* den Sonntags-Tiefdruck-Mantel der Tageszeitung, zeichnet. Genau jener Deix, dessen rotgesichtige, stiernackige Durchschnittsösterreicher hierzulande als sozialkritische und pointenreiche Karikaturen der Altnazis und Neufeschisten gehandelt werden, arbeitet auch für die *Neue Kronenzeitung.* »Wen wir nicht vernichten können, den kaufen wir eben.« – Das scheint das Motto des Medienmoguls Dichand zu sein, der schon seit einiger Zeit an seiner eigenen Legende strickt.

Eines allerdings sollten wir beim Vergleich zwischen *Krone* und *BILD* nicht vergessen: Dichand ist der Alleinherrscher über sein Imperium. Und solange die Stellung der Zeitung in Österreich so unangefochten ist, kann er regieren, wie es ihm beliebt.

Deshalb muss er auch keinen Aufsichtsrat fürchten, der ihn für die klammheimliche Verharmlosung der nationalsozialistischen Verbrechen und die Rehabilitierung der daran Beteiligten tadeln könnte. Augenfälligster Ausdruck dieser Haltung ist das regelmäßig am 20. April, dem Geburtstag Hitlers, abgedruckte Gedicht. 2001 brachte die Zeitung einen Vers, der sich offiziell auf die neue Staffel der österreichischen »Big-Brother«-Serie bezog, aber von eindeutigen Zweideutigkeiten nur so wimmelte:

Führwahr, ein großer Tag ist heut!
Ich hab mich lang auf ihn gefreut
Es feiern heute Groß und Klein
Zumeist daheim im Kämmerlein

Doch manche auf der Straße auch
Den unverzichtbar schönen Brauch
Bei dem, von Weisen inszeniert
Gesellschaft zur Gemeinschaft wird
Ihm sei's zur Ehre, uns zum Heil.

RTL – made in Austria

Die Österreicher sorgen auf allen Kanälen für Unterhaltung. Nicht nur der »Musikantenstadl« ist fest in ihrer Hand. Auch bei den deutschen Privatsendern sind sie in entscheidenden Positionen zu finden.

Wetten, dass Sie nicht wissen, woher der Erfinder der erfolgreichsten Samstagabendshow kommt? Tim Maria Franz, besser bekannt als Frank Elstner, wurde in Linz geboren, der Hauptstadt Oberösterreichs. Später zog er mit seinen Schauspielereltern nach Baden-Baden, wo er schon im zarten Jugendalter für den SWR tätig war und das »Bambi« im Radio sprach.

Mit 21 Jahren fing er bei Radio Luxemburg an und erfand 1981 »Wetten, dass ...?« für das ZDF. Er moderierte die Show insgesamt 39-mal (bis 1987), bevor er an Thomas Gottschalk übergab. Es war das erste von vielen Fernsehformaten, die er erfunden und oft auch selbst als Aushängeschild zu Quotenhits gemacht hat. Obwohl er schon die Pensionsgrenze erreicht hat, gilt Elstner noch immer als Publikumsmagnet: So konnte er »Verstehen Sie Spaß?« 2002 wieder aus dem Quotentief ziehen und auf hohem (Einschalt-)Niveau halten.

Ebenfalls 1981 ging die erste Ausgabe des »Musikantenstadl« auf Sendung – eine Koproduktion des ORF-Studios Oberösterreich mit dem Bayrischen Rundfunk (für die ARD) und dem Schweizer Fernsehen (SF DRS). 25 Jahr lang penetrierte Karl Moik das Publikum als Statthalter der Volksmusik, lud die ganze Riege der verlogensten und umsatzstärksten Branche des Musikmarktes in seine Show ein und erfreute die Herzen des von US-Serien und Technobeats genervten Seniorenpublikums.

Aber nicht nur Deutschland, Österreich und die Schweiz wurden beglückt, nein, auch 245 Millionen Russen durften bereits 1988 den »Musikantenstadl« in Moskau sehen, und - man vermutet, was als Nächstes kommt - schon am 17. Dezember 1989 gastierte das mobile Einsatzkommando der Volksmusik in Cottbus. Auf Kanada, Australien und Südafrika folgten Disneyworld in Florida und eine Koproduktion mit dem chinesischen Staatsfernsehen CCTV aus der Verbotenen Stadt in Peking -

über 800 Millionen durch die Kulturrevolution jeglicher Tradition entwöhnte Nachkommen der ältesten Kultur der Welt mussten sich das anschauen.

Was ist das Erfolgskonzept dieser Show? »Hier treffen so unterschiedliche Künstler wie Al Bano Carrisi, Harald Schmidt, die Kastelruther Spatzen, das Johann Strauss Orchester, die Klostertaler, Stefan Raab, die Wiener Sängerknaben, Al Martino, Truck Stop, die jungen Oberkrainer, Max Raabe und sein Palast-Orchester, Karl Dall oder Dagmar Koller harmonisch aufeinander. Durchschnittlich 7 Millionen Zuschauer sehen den ›Musikantenstadl‹. Das ist auch nach 23 Jahren noch die 1. Liga der TV-Unterhaltung. Noch Fragen?« (www.volksmusik.de). Wohl kaum, wer möchte dieser Beschreibung des kleinsten gemeinsamen Nenners aller Schrecken der Bildschirme noch etwas hinzufügen?

Moik wurde - auf Betreiben des Bayrischen Rundfunks - mit Ende 2005 frühzeitig in Pension geschickt, das Konzept wird jedoch fortgeführt - natürlich von einem Österreicher. Andy Borg, der eigentlich Adolf Meyer heißt, aus Wien stammt und beim ORF-Talentwettbewerb »Die große Chance« für die Volksmusik entdeckt wurde, macht unbeirrt und unverbraucht da weiter, wo Moik schon zum Denkmal geworden war: in den Mehrzweckhallen dieser Welt, wo sich alle versammeln, die die Sehnsucht nach »Herzklopfzeichen« verbindet, wie einer von Borgs eigenen Hits betitelt ist. Nach dem Motto: »Tausche Alltagsgrau gegen Himmelblau«.

Dass der Titel »Ich will nicht wissen, wie du heißt« auch von Borg gesungen wird, daran erinnerte sich manch einer angesichts einer kleinen Episode aus dem Jahr 2006. Eine Woche nach seiner Premiere als Moderator des »Musikantenstadl« sollte Andy Borg beim »freiheitlichen Oktoberfest«, der Wahlkampfabschlussveranstaltung der FPÖ in Wien, auftreten. Weil aber die Statuten des ORF, bei dem Borg unter Vertrag steht, Auftritte bei Wahlveranstaltungen untersagen, machte man ihn darauf aufmerksam und er trat von seinem Engagement zurück.

Angeblich hat eine Seketärin in Berlin den Termin vor einem Jahr vereinbart, und die könne doch die FPÖ nicht kennen. Das Kürzel könne so viel bedeuten, zum Beispiel »Förderung Prominenter Österreicher«, sagte seine Frau und Managerin dazu. Man lebe seit 1982 in Deutschland und außerdem habe Andy Borg rund 200 Auftritte im Jahr, da kann man schon mal den Überblick verlieren. Wer's glaubt, wird selig.

Selig, ja glückselig machte ein anderer Österreicher die Fernsehverantwortlichen der guten alten Fernseh-Zeit: Peter Alexander, der Inbegriff des Charmeurs alter Wiener Schule - garantiert familienfreundlich, absolut jugendfrei und stets gut gelaunt (André Heller: »Der Mann sieht nur himmelblau.«). 1951 veröffentlichte er seine erste Single (»Das machen nur die Beine von Dolores«), ab 1952 ist er im ORF und ZDF zu sehen, ab 1969 präsentierte er seine eigene Show, die so hohe Einschaltquoten hatte - 38 Millionen in den 70er-Jahren - wie sonst nur Endspiele der Fußball-WM.

Und es sollte mehr als ein Vierteljahrhundert dauern, ehe er sich am 25.12.1995 in der letzten »Peter-Alexander-Show« mit »Danke schön, Sie war'n bezaubernd« vom Fernsehen verabschiedete. Während dieser Zeit brachte er 156 Singles und 120 Original-Langspielplatten auf den Markt. Er spielte in unzähligen Unterhaltungsfilmen und erhielt ebenso viele Auszeichnungen, u.a. 1982 den neu geschaffenen Musikjournalistenpreis, weil in wenigen Wochen 250.000 Karten für seine Tournee verkauft wurden.

Und wer agiert hinter der Showbühne? Natürlich ebenfalls Österreicher! Es ist eigentlich ein Treppenwitz der Mediengeschichte: Das Land mit der höchsten Medienkonzentration in der EU stellt die kreativsten und erfolgreichsten Chefredakteure und Geschäftsführer im deutschsprachigen Raum. Obwohl Österreich nur einen einzigen ernstzunehmenden Sender, den staatlichen ORF mit seiner Quasi-Monopol-Stellung hat, sind es vorwiegend Österreicher, die im deutschen Privatfernsehen den Ton angeben. Und warum?

Sie sind alle durch die Schule von Gerd Bacher gegangen. Der Salzburger, ein gestandener Konservativer und zwischenzeitlicher Medienberater von Helmut Kohl, hat jahrzehntelang die Geschicke des österreichischen Fernsehens bestimmt (1967-74 und 1978-86).

Bacher, wegen seiner vielen Sommersprossen und seiner Durchsetzungsfähigkeit »Tiger« genannt, führte ein unerbittliches Regime im ORF (gesprochen Oah-Er-Äff). Er war gefürchtet wegen seiner bizarren Wutausbrüche und spornte seine Untergebenen zu Höchstleistungen an. Bot sich diesen später die Möglichkeit, ihrem Herrn und Meister zu entkommen und in Deutschland Karriere zu machen (wo sonst?), waren sie spielend in der Lage, die ehrgeizigen Vorgaben ihrer Geldgeber zu erfüllen – und so zeichneten sie für die schlimmsten Auswüchse des Quoten- und Zotenprogramms verantwortlich:

Helmut Thoma, beim ORF Leiter der Rechtsabteilung, wechselte 1973 zu RTL und lenkte die Geschicke von RTL plus von 1984 bis 1998. Er hat den Sender mit »Tutti Frutti« und »Eis am Stiel« auf den ersten Platz katapultiert und das Programmspektrum der Senderfamilie allein in Deutschland um eine Reihe von Special-Interest-Sendern erweitert: RTL 2 für die Jüngeren, Super RTL für die Älteren und die Kinder, Vox für die Fans von amerikanischen Spielfilmen und Fernsehserien, n-tv als Nachrichtenkanal.

Was haben sie alle gelacht, als der erste deutsche Privatsender mit dem handgeschnitzten bunten Logo 1984 auf Sendung ging. Dies war der Startschuss für ein Phänomen, das unter dem Begriff »Deutsches Privatfernsehen« bekannt und berüchtigt wurde: Österreichische

Manager kopierten amerikanische TV-Sendungen und ließen sie von Holländerinnen moderieren. Keiner mochte hinschauen, und offiziell tat es auch niemand, aber viele Männer zappten wohl, wenn die Frau eingeschlafen war, auf den Sendeplatz ganz hinten, um sich an ihre Jugendromanzen im Ferienlager zu erinnern.

»Tutti frutti« - importiert von der italienischen RAI, einem Sender, der über ein Genlabor mit großbusigen Blondinen auf hochhackigen Schuhen zu verfügen scheint - machte die Kerle zu Früchtchen ihrer Triebe und bescherte dem Sender die Aufmerksamkeit der Feuilletons. Was damals für einen Tiefpunkt des Fernsehprogramms gehalten wurde, ist inzwischen vielfach unterboten worden, nicht zuletzt vom Container-Sender RTL 2, der in der Hoch-Zeit des »Big Brother«-Booms vom

Österreicher Josef Andorfer geleitet wurde.

Wie oft Thoma in dieser Anfangszeit des »Schmuddelfernsehens« für den Untergang des christlichen Abendlandes verantwortlich gemacht wurde, weiß er selbst nicht mehr. Eigentlich hat es ihn auch noch nie interessiert. Er hatte die Vorgabe von Bertelsmann, RTL zum meistgesehenen Sender in Deutschland zu machen, und diesen Auftrag hat er erfüllt - auch wenn die ARD in WM-Jahren höhere Einschaltquoten erreicht, ist die RTL-Group auch unter dem österreichischen Thoma-Nachfolger Gerhard Zeiler der erfolgreichste Privatsender und erlöst die höchsten Werbeeinnahmen.

Bei europäischen Koproduktionen in der Fernsehbranche gebe es eine Arbeitsteilung im großen Stil, erzählt ein TV-Macher, der beim ORF angefangen hat, als Gerd Bacher noch Intendant war: Die Redakteure sind immer Deutsche, die Produzenten/Regisseure sind Holländer, und die Österreicher bilden das »Kreativteam«, d.h. sie spinnen rum, lassen sich was einfallen, entwickeln jede Menge Ideen. Wenn es darum geht, ein Konzept zu erstellen, dann machen sie das am Abend oder in der Nacht vor der Präsentation, wenn der deutsche Redakteur schon auf Kohlen sitzt.

Es soll allerdings nicht verschwiegen werden, dass die österreichische Medienlandschaft - wie die österreichische Wirtschaft insgesamt - ihrerseits stark von deutschen Eigentümern geprägt ist. So ist die WAZ-Gruppe (*Westdeutsche Allgemeine Zeitung*) mit 50 % an der *Kronenzeitung* (→ »Die Krone der Zeitungslandschaft«, S. 171) beteiligt und erwarb kurz darauf auch 49,4 % am Konkurrenzprodukt *Kurier*.

Und der Österreichische Bundesverlag (ÖBV), bis dahin im Staatsbesitz, wurde 2002 für 23 Millionen Euro an den Klett Verlag verkauft. Der hat sich den lukrativsten Brocken herausgepickt, nämlich den Schulbuchverlag, der jährliche Einnahmen in der Höhe des Kaufpreises garantiert, den die Stuttgarter Klett-Gruppe erst 2006 entrichten musste.

Genug Zeit, um das traditionsreiche Antiquariat Deuticke durch einen übereilten Lagerabverkauf zu Geld zu machen und die Publikumsverlage Residenz, Deuticke und Christian Brandstätter, die den bildungsbürgerlich wertvollen, aber finanziell wenig lukrativen Bestandteil der ÖBV-Holding bildeten, postwendend weiterzuverkaufen.

Dass der angesehene Residenz Verlag, die Heimat von Handke, Bernhard und Artmann, ausgerechnet an das

Niederösterreichische Pressehaus verkauft wurde, dessen höchster Eigentümervertreter der reaktionäre Bischof Kurt Krenn war, sorgte für einen kulturpolitischen Skandal. Aber egal: Jeder österreichische Autor, der bekannt werden möchte, sucht sich sowieso einen deutschen Verleger, weil er der Meinung ist, dass damit der Vertrieb im gesamten deutschsprachigen Raum und eine höhere Auflage garantiert sind. Im Gegensatz zur Medienbranche, wo sich die Antipathien gegen die Deutschen zur Auflagensteigerung nutzen lassen, sieht man sie im Verlagsgewerbe eher als Verbündete an - vor allem im Kampf für die Buchpreisbindung, die von EU-Gremien immer wieder zur Diskussion gestellt wird.

SPEISEN UND GETRÄNKE

Angst vor dem Verhungern

Die Österreicher essen gerne.
Wer seinen Nachbarn nichts anbietet,
wird schnell zum Einzelgänger.

Wer in Wien zu Fuß unterwegs ist, wird ziemlich schnell feststellen, dass nicht nur Imbissläden den Weg des Flaneurs in ähnlich großer Dichte säumen wie die Pferdeäpfel der Fiakergäule - auch in jedem Supermarkt gibt es eine Theke mit Wurst- und Käsesemmeln (heutzutage angereichert mit Fitness-Salaten und Power-Drinks), ganz zu schweigen von den zahllosen Mittagstischen in den Restaurants, Bäckereien und Bioläden. Geschäftliche Besprechungen werden - wann immer möglich - in das nächstgelegene Lokal verlegt, und wenn sich zwei Mitarbeiter auf denselben Kenntnisstand bei einem Auftrag bringen wollen, gehen sie »auf einen Kaffee«.

Wer den Österreicher den ganzen Tag lang beobachtet, wird sich fragen, wie der überhaupt noch zum Arbeiten kommt, so verplant ist sein Tagesablauf mit der Aufnahme von Nahrungsmitteln: morgens ein Kaffee, vielleicht mit einem Kipferl, dann eine kleine Jause, um elf Uhr Vorbereitung aufs Mittagessen, danach ein Kaffeetscherl mit einer Mehlspeis' und am Nachmittag noch eine Semmel zur Stärkung, bevor es nach Hause an den gedeckten Tisch geht, wo das üppige Abendessen serviert wird. Dann braucht man einen Schnaps zur Verdauung und später noch eine kleine Nascherei, bevor es ins Bett geht ... Geht man abends aus, so wird nach dem Theater oder Kino noch eine Kleinigkeit gegessen. Die Jugendlichen ersetzen die Nacht-Mahlzeiten meist durch Bier und Zigaretten, doch selbst in der kleinsten Szenebar gibt es eine Speisekarte, damit keiner verhungern muss.

Essen und Trinken beschäftigt die Österreicher eben am meisten. Jeder Graben gegenseitiger kultureller Abgrenzung ist im Nu überwunden, wenn es darum geht, seinen Hunger zu stillen. Punk und Operngast, Hiphopper und Obdachlose finden sich friedlich vereint am »Würstlstand« ein, wenn um 4 Uhr früh sogar das letzte Restaurant seine Küche geschlossen hat. Und dabei geht es nur darum, eine einzige Stunde zu »übertauchen«, denn um fünf Uhr öffnet das erste Frühlokal am Naschmarkt.

Der Würstlstand ist aber nicht bloß ein Ort zur schnellen Nahrungsaufnahme, sondern ein ganz eigenes Biotop mit einem von Obdachlosen und Nachtschwärmern geprägten Jargon: So kann der Eingeweihte etwa eine »Eitrige« bestellen. Dass diese - auf der »Karte« Käsekrainer genannte - Wurst genauso schmeckt, wie sie heißt, ist nur konsequent: Es handelt sich um eine Rindswurst mit Käseeinschlüssen, nach deren Konsum man alsbald eine Toilette aufsuchen sollte – und das nicht nur wegen der fetttriefenden Hände.

Zieht man in eine neue Wohnung ein und braucht einen besonderen Kreuzschlüssel vom Nachbarn, sollte man die Gelegenheit nützen, eine Einladung zum Essen auszusprechen; auch man selbst wird sicher einmal zu einem »Glaserl« eingeladen.

Gerät die Nachbarin gar in Not, weil etwa ihr Staubsauger den Geist aufgegeben hat, dann gibt es beim Zurückgeben auf jeden Fall ein Geschenk – etwa ein Stück Linzer Torte, »heute morgen selbst gebacken«. »Das wissen Sie vielleicht gar nicht, aber die Linzer Torte ist die älteste Torte der Welt. Die gibt es schon seit 300 Jahren und ich habe sie nach dem Originalrezept meiner Großmutter gemacht.« Wer könnte sich dagegen wehren? Beschämt nimmt man die Süßspeise an und verspricht, alsbald zu erzählen, ob sie denn auch geschmeckt hat.

Wenn die jährlichen Auszeichnungen an die Köche vergeben werden, seien es Hauben oder Sterne, ist dies in Österreich ein Thema für den Boulevard. Obwohl kaum einer der Fernsehzuschauer oder Zeitungsleser jemals in seinem Leben ein vom *Guide Michelin* ausgezeichnetes Restaurant besuchen wird, studieren alle die Hitlisten und hören sich die Kommentare der Starköche zu ihrem Abschneiden an. Logischerweise geht es um Auf- und Absteiger – hat es einer nicht »gestemmt« und ist gerechterweise aus dem Olymp der besten Köche verstoßen worden?

Hier gilt wie in allen Belangen des österreichischen (Selbst-)Bewusstseins: Wenn jemand aus dem Ausland –

gewissermaßen eine höhere Instanz - dieses Urteil fällt, hat es ein viel größeres Gewicht als jede Bewertung durch einheimische Kritiker. Vor allem aber fiebern die zahlreichen miteinander konkurrierenden Fremdenverkehrsregionen dem Ergebnis entgegen. Und die Freude der »G'scherten« aus der Provinz ist grenzenlos, wenn der *Gault Millau* zwei Salzburger und einem burgenländischen Gourmetparadies eine Haube mehr verleiht als dem bestplazierten Restaurant der Hauptstadt.

»Beim Essen kommen die Leut' zsamm«, das wird hier wörtlich genommen. Die nationale Mythologie, dass nur ein genussvoll gelebtes Leben eine effektvolle Politik garantiere, speist sich aus historischen Quellen: angefangen vom Wiener Kongress, bei dem oft ein superbes Menü eine verfahrene Situation gerettet habe, bis zum trinkfesten Kanzler Leopold Figl, der 1955 den Russen den Staatsvertrag abschwatzte - einfach, weil er als Letzter noch stehen konnte. Und der Höhepunkt des österreichischen EU-Vorsitzes war der große Empfang der europäischen Staatschefs mit dem Buffet von Do & Co, der Firma des Großmeisters des Event-Caterings, Attila Dogudan.

Dass der Österreicher die Intellektuellen nicht besonders schätzt, ja ihnen oft böse Absichten unterstellt, liegt auch daran, dass sie oft einen verhungerten Eindruck machen. Wer nicht zu essen und zu trinken versteht, kann nichts Gutes im Schilde führen, so der Volksmund. Dass immer mehr Kinder unter Fettleibigkeit leiden, wird als Folge des guten Lebens hingenommen und nicht weiter beachtet. Und was die Getränke betrifft, ist die Statistik auch nicht gerade erfreulich: 400.000 Österreicher werden als alkoholabhängig eingestuft, das sind 5 % der Bevölkerung; 1 Million sind gefährdet, also satte 12,5 %.

Eine Melange, bitte!

Was wäre Wien ohne Kaffeehaus?
Eine Stadt ohne Mythos.

Das Kaffeehaus ist eine Wiener Institution, die davon lebt, die verschiedenen Arten des Kaffeebrühens so diversifiziert und perfektioniert zu haben, dass alle Welt glaubt, die Österreicher hätten den Kaffee erfunden und seien die weltweit oberste Instanz der Kaffeehauskultur. »Wien und Kaffeehaus«, das ist ein Begriffspaar wie »Paris und die Liebe« oder »Los Angeles und Hollywood«. Die Kaffeehausliteraten Anton Kuh, Alfred Polgar oder Egon Friedell, die im berühmten »Café Central« ihre Werke verfassten, gehören zwar tatsächlich zur Kulturgeschichte der vorigen Jahrhundertwende wie der Jugendstil, die Wiener Werkstätten und Sigmund Freud. Und anders als die vom Nationalsozialismus vertriebenen Intellektuellen ist das Kaffeehaus noch da.

Allerdings werden die traditionellen Häuser des 1. Bezirks inzwischen vor allem von Touristen und Geschäftsleuten bevölkert. Der Kaffee ist mittelmäßig, die Bedienung betont nonchalant bis unverschämt - je nach Uhrzeit und nach Stimmungslage des diensthabenden Oberkellners. Zur Kaffeehauskultur gehört nämlich vor allem das richtige Verhalten des Gastes. Es wird von ihm erwartet, dass er sich seiner Garderobe entledigt, Mantel und Schal oder Sakko und Aktentasche eigenhändig am dafür vorgesehenen Haken deponiert und an einem Tisch Platz nimmt, wo er geduldig und demütig auf das Erscheinen des Obers wartet.

Wer sich nicht richtig verhält, wird nur sehr ungern bedient. So sagt der Hr. Robert, in vielen Publikationen zitierter Kellner aus dem Café Landtmann (an der Wiener Ringstraße gegenüber dem Burgtheater), auf die Frage, welches sein liebster Gast sei: »Der zufriedene Gast. Der Gast, der wiederkommt. Der eine Kultur hat. Der weiß, was sich gehört. Oder, wenn er's nicht weiß, dass er sich erziehen lässt - nicht mit dem Stecken. Charmant erziehen lassen, sich verwöhnen lassen, was lernen. Aber das sind die vergangenen Zeiten. Da war das Wort ›Zeit‹ noch kein Begriff. Die Gäste, die schon weg sind, bevor sie überhaupt eintreffen, die vermehren sich wie die Hasen. Die wollen ihren Tafelspitz schon vor der Bestellung verspeist haben. Na, na - so geht's ned. Das ist kein Leben, das ist eine Hetz. Ein Druck. Eine Hektik, und die kommt aus Deutschland.«

Deutsche Touristen sind es auch, die »Benimmregeln« für den Kaffeehausbesuch in Österreich ins Internet gestellt haben, z. B. »der Kellner ist unbedingt (!!!) und ausnahmslos als ›Herr Ober‹ anzusprechen«. Und, besonders wichtig, wenn man nicht sofort als »Piefke« entlarvt werden will: »Das Wort ›Kaffee‹ wird in Österreich mit allen Buchstaben gesprochen.« Während der Österreicher bei anderen Begriffen nicht so genau ist - so sagt er etwa zum Kakao »Gaugau« - ist der norddeutsche »Kaffe«, wie er beim Einheimischen rüberkommt, absolut verpönt.

Begibt man sich im übrigen Österreich in ein »Kaffeehaus«, dann handelt es sich meistens um eine Touristenfalle. In der Provinz kann es gar kein ordentliches Café geben - davon ist jedenfalls der Wiener überzeugt. Und in der Tat wird der Begriff in den meisten Fällen als Werbeoberfläche verwendet, während der servierte Mokka oder der Verlängerte nicht viel mit dem zu tun hat, was der Einheimische aus Wiener Kaffeehäusern gewohnt ist. Na gut, in Graz und in Salzburg kann man Glück haben, aber sonst ...

Gibt es kein Kaffeehaus, nehmen die Österreicher auch mit einer Konditorei vorlieb. Hauptsache, es gibt eine ordentliche Kaffeemaschine. Und eine Tischkultur. Denn im Stehen, schnell einen Espresso geschlürft zur Verdauung, nein, das ist nicht gefragt. Man muss sich schon hinsetzen können, mit Kuchen und einem Glas Wasser. Wie es sich eben für den Österreicher gehört, der das Persönliche dem Geschäftlichen jederzeit vorzieht und eine Pseudoprivatheit auch im Gespräch mit der Kellnerin im Handumdrehen herzustellen in der Lage ist.

In der Rangordnung der nationalen Heiligtümer kommt die Konditorei allerdings weit nach dem Kaffeehaus, obwohl sie sich eigentlich nur in den Preisen und in der geographischen Lage unterscheiden. Im 1. Wiener Gemeindebezirk betreibt man einfach keine Konditorei, und wenn es in einem Laden nur »Mehlspeisen« zu kaufen gibt und keinen Kaffee zum Dazu-Trinken, dann handelt es sich eben um eine Patisserie - als wär man in Paris. Außerhalb des Gürtels wiederum geht man davon aus, dass ein Kaffeehaus was für »bessere Leute« und daher für das Normalpublikum zu teuer ist. Lieber betreibt man eine Konditorei mit Kaffee-Ausschank.

In der Konditorei trifft man Plaudertaschen vor Plundertaschen; ältere Damen mit graumelierten oder bläulich gefärbten Haaren sitzen vor üppigen Sacher-, Esterhazy- oder Malakoff-Torten. Besonderer Beliebtheit erfreut sich der Punschkrapfen, der oft als Metapher für die politischen Vorlieben der älteren Jahrgänge verwendet wird: außen rosa, innen braun. Soll heißen: Aus opportunistischen Gründen (Beamtenstellen, soziale Versorgung) wählen sie die Sozialdemokraten, aber im Grunde ihres Herzens sind sie Nazis geblieben oder haben die reaktionären Haltungen ihrer Eltern konserviert.

Gut beobachten kann man diese Klientel in den über die Stadt Wien verstreuten Aida-Filialen. Das ist eine verstaubte Wiener Kaffeehaus-Kette, die bei jungen Leuten als hip gilt, weil ihr unverändertes 70er-Jahre-Ambiente inzwischen wieder auf der Höhe der Zeit ist. Die Aida ist im Grenzbereich zwischen Kaffeehaus und Konditorei angesiedelt: Das Publikum ist eindeutig Konditorei, die Qualität von Kaffee und Kuchen kann sich durchaus mit der im Café Hawelka oder dem Griensteidl messen.

Wenn man ehrlich ist, gibt es übrigens niemanden, der ernsthaft erklären könnte, was der Unterschied zwischen einem Einspänner, einem Großen Braunen und einem Mokka mit einem Schuss heißer Milch ist. Abgesehen davon, dass heutzutage nicht einmal der Ober im Café Landtmann weiß, was die korrekte Zubereitungsweise eines Zweispänners ist, gehört die überspitzte und in den höchsten Tönen gepriesene Kaffeekultur zu den nostalgischen Lieblingsphantasien der Wiener und Wien-Affinen über frühere Zeiten - so wie das jungfräuliche Olivenöl aus der Toskana oder der Whiskey aus der Privatdestillerie in Schottland.

Dazu eine kleine Anekdote aus einem Wiener Café außerhalb des Gürtels: Der Wiener Gastgeber und seine Handvoll Gäste aus Deutschland bestellen »zwei Verlängerte, einen Einspänner, eine Melange, eine Schale Nuss und einen Großen Braunen«. Geht der Ober zur Theke und ruft: »Mitzi! Sechs Kaffee!«

Der Heurige

Die Österreicher sind kein nüchternes Volk.
Sie lieben den Rausch ebenso wie die Völlerei.

Das Nervende an den Österreichern ist nicht, dass sie sich gern betrinken. An und für sich ist gegen einen ordentlichen Rausch ja nichts zu sagen. Viele Leute werden erträglicher, wenn sie was getrunken haben. Das gilt bis zu einem gewissen Grad auch für die Österreicher. Ist dieser Grad überschritten, werden Kommunikation und Koexistenz allerdings extrem schwierig. »Ein echter Wiener geht nicht unter« ist nicht nur der Titel einer TV-Serie, es könnte auch das Motto der Trinkgelage in Grinzing sein, wo es die meisten Heurigenbetriebe gibt. Getrunken wird nämlich bis zum Umfallen. Glücklicherweise sperren die Lokale spatestens um Mitternacht zu, daher hält sich die Zahl der Leberzirrhosen in Grenzen.

Der neue (»frische«) Wein, von dem der Heurige seinen Namen hat, schmeckt für den Außenstehenden oft einfach nur sauer und wird von den Einheimischen zumeist mit Wasser verdünnt als »G'spritzter« getrunken. Vielleicht ist dem einen oder anderen Besucher schon die alljährliche Anzeigenkampagne der Weinbauern aufgefallen, die auf Großflächenplakaten eine leicht bekleidete Frau mit dem Slogan »Der G'spritzte hat wieder Saison« für ihr Produkt werben lassen. Die beabsichtigte Mehrdeutigkeit wird um eine zusätzliche Komponente erweitert, wenn man weiß, dass »(ein)g'spritzt« der umgangssprachliche Ausdruck für betrunken ist.

Wer in Wien Freunde besucht und länger als zwei Tage bleibt, wird genötigt, der Tradition Genüge zu tun und sich in eine Weinschenke zu begeben. Jeder Wiener hat seinen bevorzugten Heurigen, der »hundertprozentig authentisch« ist. Wenn man Glück hat, wird man in einen schönen Hinterhof oder Obstgarten mit wackligen Tischen mitgenommen, wo die Aussicht auf die Stadt schön und die Tischnachbarn angenehm sind. Wein und Wasser werden literweise bestellt und konsumiert, aber der Lärmpegel hält sich im Rahmen des Erträglichen. Der Kenner spricht in diesem Fall gerne von einem »Geheimtipp«, der Conaisseur von einem »Edelheurigen«.

Gerät man allerdings im Zuge einer Besichtigungstour in eine der Touristenfallen - der Besuch eines Heurigen gehört zum Pflichtprogramm wie der Stephansdom oder die Postsparkasse -, fühlt man sich an die

Kostas-Imitatoren in griechischen Kaschemmen erinnert, die versuchen, die Gäste zu Tanzdarbietungen im Stil von Alexis Sorbas zu animieren. Denn hier geht es zu wie überall auf der Welt, wenn die Tradition zur touristischen Attraktion wird: Die volkstümliche Schrammelmusik, die zum Heurigen gehört wie das Jazzpiano zur Hotelbar, wird zum lautstarken Unterhaltungsprogramm mit schlüpfrigen Witzen als Überleitung zwischen den Schnulzen (»Mei' Muaterl war a Weanerin«, »Jetzt trink ma no a Flascherl Wein«, »Wien bleibt Wien«), die man aus den Produktionen der Wien-Film mit Hans Moser und Paul Hörbiger (später: Peter Alexander) in den Hauptrollen kennt.

Wenn die Gäste selbst anfangen die Heurigenlieder zu intonieren, dann gibt es nur zwei Alternativen: entweder bei »Wien, Wien, nur du allein« lautstark mitzusingen oder sich gleich zu »schleichen«. Ertönt das »Harry Lime Theme« aus dem Film »Der dritte Mann«, in dem Orson Welles durch Abwasserkanäle von Wien gejagt wird, warten die Zechkumpanen mit den erstaunlichsten Geschichten auf. Die bekannteste ist die vom »lieben Augustin«, dem Schutzheiligen aller Wiener Säufer, der einst in ein Loch voller Leichen purzelte. Dass er den tiefen Fall und – vor allem – den Kontakt mit den Opfern der Pest überlebte, hatte er seinem Alkoholisierungsgrad zu verdanken. So geht die Legende, und darum weiß der Wiener: Nur wer wirklich zu leben versteht, kann dem Tod ein Schnippchen schlagen.

An dieser Stelle muss eine Charaktereigenschaft des Österreichers Erwähnung finden, die den Außenstehenden zur Weißglut treiben kann: dass er nicht Schluss machen kann. Weder am Telefon noch persönlich ist er in der Lage, einfach »Tschüss!« zu sagen und zu gehen.

Das langgezogene »Servas« leitet eine längere Litanei des Abschiednehmens ein: »also ... Servas, alles Gute ... wir sehen uns ... also, wenn du in der Nähe bist, schau doch amol rein ... weißt du übrigens, dass ...« Zu dieser Prozedur gehört das sogenannte »Fluchtachterl«: Beim Heurigen wird - oft im Hinausgehen an der Schank - ein zusätzliches, letztes Achterl (1/8 Liter Wein) getrunken. Bei privaten Einladungen, wenn es keine Sperrstunde gibt, kann daraus ein Liter und mehr werden. Der Besucher findet einfach kein Ende, noch eine Anekdote fällt ihm ein, die er jetzt unbedingt erzählen muss. Als Gastgeber hat man irgendwann nur noch die Wahl zwischen Rausschmeißen und einfach ins Bett gehen und die Gäste alleine weiterplaudern lassen.

Costoletta milanese und böhmische Knödeln

Die österreichische Küche ist eine Erfindung des Fremdenverkehrsamts.

Weil der Einheimische großen Wert auf das Essen legt, ist die »österreichische Küche« eines seiner bevorzugten Gesprächsthemen, wenn er auf einen Fremden trifft oder sich im Ausland aufhält. Auch der Vorstandsvorsitzende, der zu Verhandlungen angereist ist und der zu Hause täglich ins Sushi-Restaurant im 1. Bezirk geht, kann seine

Tischnachbarn damit verblüffen, beim Mittagessen einen halbstündigen Vortrag über das richtige Wiener Schnitzel zu halten – nur weil er auf der Karte ein solches mit der für ihn anrüchigen Beilage »Kartoffelpuffer« entdeckt hat.

Noch schlimmer ist es in Österreich selbst: Jeder Besucher des Landes hat eine Anekdote über die ungehaltene Reaktion österreichischer Kellner auf die ihrer Meinung nach »falsche« Bestellung einheimischer Spezialitäten in petto. Bei solchen Gelegenheiten zeigt das Personal wenig Flexibilität: Ein Freund erzählt von seiner kurzen Anwesenheit in einem viel gerühmten Lokal mit »Original Wiener Küche«. Auf die Frage, ob er Spinat zu seinem Wiener Schnitzel haben könne, wurde er vom Kellner mit den Worten »Und scho gemma wieda ...« des Lokals verwiesen.

So wie das Kaffeehaus ist auch die österreichische Küche eine Legende: Es gibt sie eigentlich gar nicht. Nehmen wir das berühmteste Gericht, das besagtes »Wiener Schnitzel«: Der legendäre Feinschmecker und Rückzugsspezialist Radetzky soll bei einem seiner zahlreichen – und überwiegend erfolglosen – Versuche, die österreichischen Besitzungen in Norditalien zu verteidigen, die »costoletta milanese« entdeckt und mit in die Heimat gebracht haben. Auf seltsamen Wegen und erst nach 1900 fand das Gericht schließlich Eingang in die offiziellen Kochbücher – über die bäuerliche Hochzeitsküche des Weinviertels, wo es als Zwischen- oder Mitternachtsspeise serviert wurde.

Der eigentliche Ursprung des panierten und fritierten Kalbsfilets, das in Schweineschmalz zu »goldgelber« Farbe gebacken werden soll, liegt im oströmischen Kaisertum, das sich die erlesensten Fleischstücke mit Blattgold überzogen servieren ließ. Weil der Goldpreis schon immer relativ hoch war, das aufstrebende Bürgertum aber gourmettechnisch mithalten wollte, erfand man die Panier (= Panade), die von den byzantinischen Juden nach Europa gebracht wurde.

Dass die Österreicher so inbrünstig über das Schnitzel und die richtige Beilage dazu (ausschließlich Erdäpfelsalat!) streiten können, haben sie letztlich also den Türken zu verdanken, denen sie heutzutage den Beitritt zur EU verweigern wollen - mit der Begründung, es fehle ihnen an abendländischer Kultur. Den dezenten Hinweis auf die Erfinder der Kaffeesiederei ersparen wir uns an dieser Stelle - nicht aber den Hinweis, dass der original »Wiener Apfelstrudel« eine Weiterentwicklung der türkischen Pasteten ist, die von den Janitscharen des Osmanischen Reiches im ganzen Balkangebiet verbreitet wurden.

Der deftige burgenländische Bohnenstrudel, die raffinierten Kraut- und Fleischstrudel, der üppige Milchrahmstrudel - all diese Varianten des ausgezogenen Nudelteigs haben also ihre Wurzel in den Heerlagern der die Christenheit bedrohenden Muselmanen. Die Österreicher haben es verstanden, eine Verteidigungslinie gegen die Ungläubigen zu errichten und sich gleichzeitig ihre Kulturgüter zu eigen zu machen.

Das Gulasch wird ohne großes Zaudern den Ungarn gutgeschrieben (obwohl die es auch nicht erfunden haben). Dass die Kärntner Kasnudeln aus Italien stammen, ist schon weit weniger bekannt. Geselchtes, Kraut und

Knödel, das sind die bodenständigen Gerichte der österreichischen Regionen. Die Knödelküche aus steinhartem Altbrot, die ist wirklich älpisch - und keinesfalls zu verwechseln mit der Kunst der böhmischen Köchinnen, die die mit feinsten Zutaten hergestellten Leber-, Semmel- oder Serviettenknödel gesotten, gebacken oder in Dampf gegart servierten.

Besonders erfolgreich haben sich die Österreicher eben die kulinarischen Traditionen der sogenannten »Kronländer« einverleibt, also derjenigen Gebiete der österreich-ungarischen Monarchie, die das Reservoir für Dienstboten, billige Arbeitskräfte und Kanonenfutter bildeten.

Deren Frauen, Schwestern und Töchter verdingten sich als Haushälterinnen, Kindermädchen und Köchinnen. Sie machten auch die Erdäpfel-Mehl-Küche in Österreich ebenso heimisch sowie die feinsten Altwiener Mehlspeisen: Powidltatschkerln (Teigtaschen mit Pflaumenmus) und »gewuzelte Mohnnudeln« (gerollte Rundnudeln aus Kartoffelteig, mit Mohn und Zucker bestreut).

Die berühmten »Salzburger Nockerln« kamen, als Soufflés, ursprünglich aus der französischen Küche, während die hauchzarten Palatschinken aus Ungarn importiert wurden. Der Kaiserschmarren - zerrissene Biskuitomeletts, serviert mit Zwetschkenröster - hat trotz zahlreicher Legenden mit dem Kaiser gar nichts zu tun, sondern hieß ursprünglich »Kaserschmarren«, weil er eine deftige Almspeise der Senner und Mägde (Käsemacher) auf den Hochalmen war, die über dem offenen Feuer zubereitet wurde. In der Hauptstadt wurde diese

Hausmannskost natürlich verfeinert und - wie vieles andere - aus Imagegründen und im vorauseilenden Gehorsam dem Kaiser »in den Mund gelegt«.

Eine andere österreichische Spezialität geht aber tatsächlich auf die Gewohnheiten von Kaiser Franz Joseph zurück: der Tafelspitz, also das gekochte Rindfleisch mit verschiedenen Beilagen. Der sparsame Regent, dem die Hoftafel zu üppig und zu teuer war, verlangte nach billiger und einfacher Kost und ungarische Rinder und Mastochsen waren auf dem Markt wohlfeil. Und das Gustostück aus der Keule war der Tafelspitz. Der wurde alsbald auch in den bürgerlichen Haushalten serviert - mit den klassischen Beilagen Schnittlauchsauce, Semmel- und Apfelkren, Gemüse und Bouillonkartoffeln.

»Die Deutschen wollen die Österreicher verstehen,
können es aber nicht.
Die Österreicher könnten die Deutschen verstehen,
wollen es aber nicht.«
(Franz Grillparzer)

VERFREUNDETE NACHBARN

Big Brother

Für die Österreicher ist Deutschland so etwas wie der große Bruder: Man bewundert und hasst ihn gleichzeitig.

Die Deutschen sind die beliebtesten Nachbarn der Österreicher. Gleichzeitig jubelt die ganze Nation, wenn die deutsche Nationalmannschaft ein Fußballspiel verliert. Vor der WM tippen österreichische Politiker stets auf Brasilien, Italien, Frankreich und England als Gewinner, mancher gar auf die Schweiz - aber nicht einmal die Deutschnationalen setzen auf den großen Nachbarn. Wie kommt es zu diesen asymmetrischen Beziehungen?

Offiziell liebt man die Deutschen, aber inoffiziell hat man »Probleme« mit ihnen. Gerne kassiert man das Geld der Touristen, aber gern gesehen sind sie nicht. Man begrüßt die Investitionen der deutschen Konzerne, aber willkommen heißt man sie nicht. Man verdankt dem deutschen Markt sein Einkommen, will aber kein deutscher Schriftsteller sein. Seit es der deutschen Wirtschaft an Innovationsfähigkeit mangelt, gibt man sich überlegen. Angesichts der Zuwanderung von Arbeitskräften aus den strukturschwachen Gebieten der früheren DDR bricht man in Jubel aus.

Vorher kannte man deutsche Gastarbeiter eigentlich nur als Chefs. Sie besetzten Professorenstellen auf den Universitäten und Managerpositionen in der Privatwirtschaft - befindet sich doch ein Gutteil der österreichischen Wirtschaft in deutschem Besitz. Und die Piefkes verfügen - im Gegensatz zu den Einheimischen - über die

nötige Durchsetzungsfähigkeit, die typisch deutsche Gründlichkeit oder einfach über eine solide Ausbildung.

Jetzt endlich ist man erfolgreicher als der Nachbar. Endlich kann man ihm die jahrzehntelange Erniedrigung heimzahlen und aus dem Schatten des großen Bruders treten, der einen nie ernst genommen hat. Anhand nackter Zahlen lässt sich das Verhältnis der beiden Nachbarländer eben nur schwer in rationale Bahnen lenken.

Alfred Pelinka, der Doyen der österreichischen Politikwissenschaft, sieht die Bundesrepublik als »defining other« seines Heimatlandes: »Identität wird zunächst von dem bestimmt, was man nicht sein will.« Angesichts der deutschen Charmeoffensive bei der Fußball-WM 2006 schreibt er, dass »Österreichs unterschwellige Affekte gegen den großen deutschen Bruder haben nichts damit zu tun, was Deutschland tatsächlich tut, sondern damit, was Deutschland ist. Hier stört nicht, was der große Bruder so treibt; es stört, dass er der große Bruder ist.«

Die österreichische Identität hat sich im Vergleich und in Abgrenzung zu Deutschland entwickelt. 1918 wollte man sofort dem Deutschen Reich beitreten, 1938 bejubelte man den Einmarsch der deutschen Truppen, nach dem Zweiten Weltkrieg bestritt man vehement jedwede Beteiligung an den Verbrechen des Dritten Reichs. Als die Alliierten 1955 den österreichischen Staatsvertrag unterzeichneten, waren die Beziehungen zwischen den beiden Staaten auf einem vorläufigen Tiefpunkt angelangt. Adenauer drohte, falls Wien Reparationszahlungen fordern sollte, werde er die Gebeine Hitlers schicken.

In den Jahren bis zum EU-Beitritt (1993) wuchs das österreichische Selbstbewusstsein genauso kontinuierlich wie die Identifikation mit dem Staatswesen. 1995 landeten die Österreicher bei einer weltweiten Umfrage zum Thema Nationalstolz auf dem ersten Rang – Deutschland auf dem letzten. Warum sind die Österreicher so zufrieden mit sich und ihrer Heimat? Erstens haben sie die Auseinandersetzung mit der Nazi-Vergangenheit einfach den Deutschen überlassen. Zweitens sind sie wahre Marketinggenies: Sie verstehen es, ihr Land schönzureden – sei es für den Fremdenverkehr, die Investoren, die EU-Kommission oder für sich selbst.

Aus deutscher Sicht ist Österreich ein im Laufe der Geschichte abhandengekommener Teil. Die gemeinsame Sprache suggeriert eine Nähe zwischen den beiden Nationen, die es in der Realität nicht gibt. Die massive wirtschaftliche Verflechtung - große und für das Selbstverständnis der Österreicher wichtige Teile der Wirtschaft sind in deutschem Besitz - trägt dazu bei, dass die Konflikte am Kochen gehalten werden.

Der absolute Gefrierpunkt der nachbarschaftlichen Beziehungen wurde im Jahr 2000 erreicht, als die rotgrüne Regierung unter Gerhard Schröder als Reaktion auf die Regierungsbeteiligung der Haider-FPÖ die diplomatischen Beziehungen auf der Ministerebene aussetzte und sich für Boykottmaßnahmen aussprach. Wieder einmal wurde daraufhin - man denke nur an die Waldheim-Affäre - der populistische Eigenständigkeitsreflex belebt: »Von denen lassen wir uns gar nichts vorschreiben!« Der »kleine Bruder« fühlte sich vor den Kopf gestoßen. Man möchte unbedingt Beachtung finden, verbittet sich aber jegliche Einmischung.

Der Schriftsteller Antonio Fian, der in seinen Dramoletten die ungeheuerlichsten Dummheiten seiner Landsleute verwendet, um sie durch diese Zitate bloßzustellen, verbittet sich Kritik von außen, vor allem »den Deitschn« stehe es nicht zu, »über die Österreicher herzuziehen«. Die Kärntner dürfen über die Steirer lästern, die Tiroler über die Vorarlberger und alle zusammen über die Wiener, aber die Österreicher in ihrer Gesamtheit will er nicht kritisiert sehen. »Man muss die regionalen Konflikte schüren, nicht die nationalen.« Die Gefahr, falsch verstanden zu werden, sei zu groß und außerdem seien doch die Unterschiede im Land gewaltig ...

Den Begriff »verfreundet« hat übrigens der österreichische Schriftsteller Thomas Pluch für die ambivalenten Beziehungen in der Wiener Gesellschaft verwendet. Gabriele Holzer hat ihn für ihr 1993 veröffentlichtes Buch über das Verhältnis zwischen Österreich und Deutschland adaptiert. 2005 fand im Haus der Geschichte in Bonn eine Ausstellung unter demselben Titel (»Verfreundete Nachbarn«) statt, die 90.000 Besucher zählte und unter der Schirmherrschaft der beiden Staatspräsidenten stand. 2006 war sie in Leipzig zu sehen, angeblich soll sie irgendwann auch in Wien Station machen.

Weil es so oft verwendet wird und kaum jemand weiß, woher es stammt, sei an dieser Stelle kurz die Herkunft des Wortes »Piefke« erläutert: 1866, am Ende des preußisch-österreichischen Krieges, fand auf dem Marchfeld vor den Toren Wiens eine große Militärparade statt. Neben Gottfried Piefke dirigierte sein Bruder Rudolf ein Musikkorps. Kenner unter den vor die Stadt geeilten Wienern riefen: »Die Piefkes kommen!« Der Ruf wurde zum Synonym für die 50.000 paradierenden Preußen – und bis heute nennt man in Österreich alle Deutschen von nördlich des Mains »Piefkes«.

Deutsch als Fremdsprache

Die Österreicher sprechen Deutsch.
Auch wenn es nicht so klingt.

»Der Österreicher unterscheidet sich vom Deutschen durch die gemeinsame Sprache.« Dieser Aphorismus, der übrigens – anders als oft behauptet – nicht von Karl

Kraus stammt, sondern auf George Bernard Shaws Bonmot »England and America are two countries divided by a common language.« zurückgeht, mag dem außenstehenden Beobachter übertrieben vorkommen, aber er trifft doch den Kern vieler Probleme in der Kommunikation zwischen den beiden Nachbarn: Der Wortschatz ist weitgehend der gleiche, doch die Verwendung der Vokabeln differiert bisweilen gewaltig.

Auf den ersten Blick ist es ganz einfach: Wenn ein Deutscher nach Österreich fährt, hat er keine Probleme, sich zu verständigen - in den 50er und 60er-Jahren des vorigen Jahrhunderts war dies tatsächlich ein gewichtiges Argument für eine Urlaubsreise.

Und geht es ums Studieren oder ums Geldverdienen, ist Österreich noch immer die erste Auslandsadresse: Als EU-Mitglied und deutschsprachiges Land bietet das Alpenland die besten Chancen. Im täglichen Leben aber machen sich die Unterschiede in der Ausdrucksweise ziemlich schnell bemerkbar. So stellen Deutsche, die in Österreich arbeiten, immer wieder fest, dass sie nicht einmal das Gleiche meinen, wenn sie dasselbe sagen. Und das hat in den seltensten Fällen etwas mit dem lokalen Dialekt zu tun.

Interessant ist vielmehr, was für eine unterschiedliche Bedeutung gleichlautende Wörter haben können und in welchem Zusammenhang man sie verwendet. Der Österreicher spricht über den »Stuhl« halblaut beim Arztbesuch, zum Sitzen zieht er sich einen Sessel an den Tisch. Robert Menasse lässt seinen Helden, einen Lektor für Germanistik an einer Universität in São Paulo, erzählen:

»Sind ja alles Deutsche oder Abkömmlinge von Deutschen da am Institut, sagte ich. Und du kannst dir nicht vorstellen, was für ein patziger Herrenmenschenirrsinn da herscht. Nur um dir ein Beispiel zu geben: ich komm zur Sitzung, und wie wir uns also alles so niedersetzen, seh ich, dass ein Sessel fehlt. Ich sage, dass ich schnell einen holen gehe. Sagt eine andere Professorin: Was holen Sie? Sage ich: Einen Sessel! Darauf sie: Das heißt Stuhl - na ja, Sie werden schon noch Deutsch lernen bei uns!«

1988 hat Menasse seinen Roman »Sinnliche Gewissheit« veröffentlicht, aus dem hier zitiert wird, 1995 berichtete er in einem Interview noch von stundenlangen Diskussionen - inzwischen hat er sich daran gewöhnt, dass sein Lektor beim Suhrkamp Verlag auf dem »Stuhl« besteht. Sein Schriftstellerkollege Antonio Fian hat die Anpassungsleistung an den großen Bruder in einem seiner Dramolette aufs Korn genommen: »Früher hätte ich gesagt Sessel. Beharrt auf Sessel. Jugendtorheit. Lernprozess. Wesentlich besser: Stuhl. Sessel: Residenz. Suhrkamp: Stuhl. Wesentlich besserer Stil.« (Der Salzburger Residenz-Verlag publizierte die Erstausgaben aller bekannten österreichischen Schriftsteller.)

Obwohl es seit 1951 ein »Österreichisches Wörterbuch« gibt, ziehen die meisten österreichischen Verlage den »Duden« als Entscheidungskriterium heran, der sich am deutschen Standard orientiert und so in vielen Punkten vom österreichischen abweicht. So wird die Literatur an die Erfordernisse des Marktes angepasst. Der Großteil der Leser wird dies im Interesse der Verständlichkeit begrüßen, die Verteidiger von Originalität und »österreichischem Deutsch« bedauern es. Sie meinen, es gingen wesentliche Ausdrucksmittel verloren.

Für den Autor gilt es zu entscheiden, ob er als deutsch(sprachig)er Schriftsteller gelten will oder als österreichischer - sofern die Entscheidung bei ihm liegt. Von Thomas Bernhard wird berichtet, dass er seine Manuskripte dem Suhrkamp Verlag immer erst im letztmöglichen Moment überlassen habe, sodass Änderungen nicht mehr möglich waren. Der Cheflektor verwies diese Theorie in den Bereich der mythenbildenden Erfindungen: »Wir haben mit Bernhard vereinbart, dass wir österreichische Ausdrücke austauschen, wenn sie im Text nur einmal vorkommen. Wenn sie öfter vorkamen und daher stilbildend sind, haben wir sie belassen.«

Es ist in der Tat verwirrend, wenn dasselbe Wort verschiedene Bedeutungen hat. Als ein Deutscher einmal in Wien mit einem Beamten der Post beratschlagte, wie er sich einen Filmprojektor aus Hamburg schicken lassen könnte, löste er ungläubiges Erstaunen aus, als er den Vorschlag machte, das Gerät doch in einem Kasten zu transportieren. »Wie groß ist denn dieses Gerät?«, fragte der Postler, der an einen Kleiderschrank dachte, während sein Gegenüber eine mittelgroße Kiste vor Augen hatte. Es dauerte länger als eine halbe Stunde, bis eine Klärung des Sachverhalts herbeigeführt werden konnte.

An der Wursttheke verlangt der Österreicher »2 Paar Frankfurter« (die sonst überall auf der Welt »Wiener« heißen) und »25 Deka Leberkäs« (in Süddeutschland und Tirol »Fleischkäse« genannt, in Norddeutschland praktisch unbekannt). Die in Österreich übliche Wurstmenge, die man sich geben lässt, sind 10 Deka(gramm). Das entspricht haargenau 100 Gramm, aber niemand würde sie so bestellen.

Hat er dann noch ein »halbes Kilo« Brot mitgenommen (das »Pfund« wird auch nicht verwendet) und ein Viertel Topfen (250 Gramm Quark), begibt er sich in die Schlange vor der »Kassa« und bezahlt mit seiner »Bankomatkarte«. So nennt man die EC-Karten - nach den Geldausgabe-Automaten, an denen man, sofern man ein österreichisches Konto besitzt, gebührenfrei abheben kann - egal, um welche Bank es sich handelt, weil alle von einer einzigen Firma betrieben werden.

Missverständnisse können auch aufkommen, wenn die Österreicherin beim heftigen Petting nach Liebkosung ihrer Füße verlangt - und damit eher ihre Schamgegend meint, während der deutsche Liebhaber glaubt, an eine Fußfetischistin geraten zu sein. Denn in Österreich wird alles von der Hüfte abwärts mit dem Wort »Fuß« bezeichnet, und die Gliedmaßen unterhalb der Schulter sind Hände. Mit dem Wort »Beinkleider« kann man wenig bis gar nichts anfangen, und dass es Ober- und Unterschenkel, Ferse, Rist und Knie gibt, wird manchem erst bewusst, wenn er einen Schiunfall oder eine Meniskusoperation hat.

Im Jahr 2004 erschütterte der »Marmeladenkrieg« das Land. Eine Behörde, von der keiner weiß, wofür sie eigentlich existiert - so die veröffentlichte Volksmeinung -, wollte die in Österreich seit jeher gebräuchliche Bezeichnung für süßen Brotaufstrich verbieten. Doch in einem gemeinsamen Aufbäumen von Massenmedien und Politik konnte der Angriff der EU-Beamten auf das österreichische Kulturgut abgewehrt und die »Konfitüre« (zumindest im Inland) verhindert werden.

Dabei hatte die SPÖ-ÖVP-Koalition dem Volk 1995 unter dem Motto »Erdäpfelsalat bleibt Erdäpfelsalat« die EU-Mitgliedschaft schmackhaft gemacht: 23 Bezeichnungen für Lebensmittel wurden im »Protokoll Nr. 10 über die Verwendung österreichischer Ausdrücke der deutschen Sprache« zum Beitrittsvertrag als schützenswert erwähnt. Aber die Marmelade wurde leider vergessen.

In den EU-Verfassungsrang erhoben wurden das *Beiried* (Roastbeef), die *Eierschwammerln* (Pfifferlinge), *Erdäpfel* (Kartoffeln), *Faschiertes* (Hackfleisch), *Fisolen* (Grüne Bohnen), *Grammeln* (Grieben), *Hüferl* (Hüfte), *Karfiol* (Blumenkohl), *Kohlsprossen* (Rosenkohl), *Kren* (Meerrettich), *Lungenbraten* (Filet), *Marillen* (Aprikosen), *Melanzani* (Aubergine), *Nuss* (Kugel), *Obers* (Sahne), *Paradeiser* (Tomaten), *Powidl* (Pflaumenmus), *Ribisel* (Johannisbeeren), *Rostbraten* (Hochrippe), *Schlögel* (Keule), *Topfen* (Quark), *Vogerlsalat* (Feldsalat) und die *Weichseln* (Sauerkirschen).

Weil der Einfluss des großen Nachbarn via Fernsehen, Internet und Zeischriften übermächtig ist, erfolgt eine langsame Anpassung an die Sprachgewohnheiten der Bundesrepublik. Über kurz oder lang wird es also mit den so beliebten Austriazismen zu Ende gehen - die Kinder werden endlich Quatsch machen, statt einem was »zu Fleiß« zu tun, und wenn sie älter werden, wird man ihrer nicht mehr Herr (während der Papa ihnen jetzt »nichts mehr ankann«).

Der Abendgesellschaft wird ein Dessert serviert statt einer Nachspeise, und das in der dritten Etage, die man bequem zu Fuß erreicht hat. Vormals wäre man froh gewesen, wenn es einen Lift gegeben hätte, folgten doch in den alten Bürgerhäusern dem Parterre erst mal Hochparterre und Mezzanin, bevor man den 1. Stock erreichte. Aber hie(r)zu gibt es reichlich Literatur. Weiter(s) könnte man auf die Sprachwissenschaft(l)er verweisen, die beim Tagesordnungspunkt »Allfälliges« (Verschiedenes) die Schause (Schangse = Chance) haben, noch mehr differierende Wörter (Worte) aufzuzählen.

Doch schon bald nehmen auch die ihre Polster (Kissen), ziehen die Tuchent (das Federbett) über den Kopf und träumen von den Palatschinken der Gastgeberin.

Viele Beispiele ließen sich hier noch anführen, um die Unterschiede zwischen dem »österreichischen Deutsch« und der in Deutschland gesprochenen Standardsprache zu verdeutlichen - etwa die Verbindungen mit »Kaiser« (Kaisersemmel, Bezirkskaiser, Kaiserwetter), die Endung -ieren (pragmatisieren, kommissionieren, retournieren, urgieren, inskribieren, kampieren, approbieren), die Scheibtruhe (Schubkarre), die Urlaubssperre (Betriebsferien, also das Gegenteil der standarddeutschen Bedeutung), der Fenstertag (Brückentag) oder der Lurch (Wollmäuse).

Unvergesslich wird mir auf ewig die Geschichte einer Berlinerin bleiben, die bei ihrem Wienbesuch an der Supermarktkasse stand und gefragt wurde: »Asakalano?« Unfähig, auch nur den kleinsten Bestandteil dieser Redewendung zu verstehen, dachte sie, es handle sich um einen hier gebräuchlichen Gruß - klang es nicht entfernt nach »Sayonara«? -, und antwortete, weil sie nicht unhöflich sein wollte: »Asakalano!« Worauf ihr die Kassiererin eine Plastiktüte aufs Band legte und mit 25 Cent berechnete. Die Freundin, bei der sie wohnte, klärte sie später darüber auf, dass sie eine Tragtasche dazu verlangt hatte: »A (= Ein) Sackerl a(uch) no(ch)?«

Umgekehrt, sprich in Deutschland, hat manch eine Kellnerin schon ungläubig geschaut, wenn Katrin, eine Freundin, die aus Tirol stammt, sich nach dem Betreten eines Lokals hingesetzt und als Erstes gesagt hat: »Darf ich erst einmal ausrasten?« Während sie die Zertrümmerung des Mobiliars befürchtete, wollte sich Katrin nur mal ausruhen (= rasten).

Die »Immobilie« hat sich als Bezeichnung für ein zu erwerbendes Mietobjekt inzwischen auch in den österreichischen Zeitungen durchgesetzt. »Das ist eine schöne Realität«, sagt kaum noch jemand über eine Wohnung, die ihm gefällt. Vor einigen Jahren konnten Sie noch unvermittelt an einen »Realitätenvermittler« geraten, wenn Sie im Alpenland eine Bleibe gesucht haben. Und der hatte nichts mit Esoterik am Hut. Es handelte sich einfach um einen Makler.

Dass man eine Klappe nicht nur halten, sondern auch wählen kann, erstaunt selbst den Berliner. Wie soll er auch wissen, dass die telefonische Nebenstelle gemeint ist. Dem deutschen Korinthenkacker dürfte es schwer fallen, sich mit dem österreichischen Idipfalreida (I-Tüpfchen-Reiter) zu verständigen. Und weil in Österreich stilvoll gestorben wird, ruft man nicht einfach den Totengräber, sondern trifft ein Arrangement mit dem Pompfineberer, der seinen Namen aus adeligen Zeiten herleitet - vom französischen »pompes funèbres« (= Begräbnisprunk).

Wer noch länger leben und seinen Spaß haben will, bestellt sich einen Slibowitz zum Seidl, also einen Obstler (Klaren, Korn) zum kleinen Bier (0,3 Liter). Der Tschecherant trinkt gleich ein Krügerl (0,5 Liter), er kommt aber nicht aus Tschechien, sondern ist einer, der gern tief ins Glas schaut. Sein Name leitet sich vom Hebräischen Wort schochar (trinken) her. Der Antialkoholiker aus den Alpen hat es hierzulande schwer, etwa wenn er ein »Obigschbrizd« bestellt. Dass es sich hierbei um eine Apfelschorle handelt, versteht nur der Eingeweihte: »Obi« ist eine Apfelsaftmarke und gespritzt nennt man ihn Österreich die Schorle.

Dazu kommen das typisch Wienerische »leiwand« – Lei(n)wand, hergeleitet vom Leinen, das ein wertvoller Bestandteil der Aussteuer war –, das westösterreichische »bärig« sowie das landesweit verbreitete »klass« und »supa«.

Nach der Ausbildung geht man »hack'ln« (von Salzburg bis ins Burgenland), »schöpfen« (Steiermark und Kärnten) oder »sich schinden« (Tirol), während man in Deutschland bis zur Rente schuftet. 2003 trat in Österreich die »Hacklerregelung« in Kraft, die hervorsieht, dass frühzeitig in Pension gehen kann, wer unter besonders belastenden Bedingungen 45 Beitragsjahre erworben hat. Verliert jemand seinen Job, so ist er »hack'nstad«.

Nach getaner Arbeit geht mancher in ein Geschäft – nicht, um dasselbe zu verrichten, sondern um dort einzukaufen. Wer in Österreich einen »Laden« sucht, wird sofort als Deutscher identifiziert, obwohl es auch hier den »Ladenhüter« oder den »Hofladen« (eine bäuerliche Verkaufsstelle) gibt. Beim »Fleischhauer« (Metzger) wird fürs Abendessen eingekauft, für den Heimweg werden »Mannerschnitten« mitgenommen - Waffeln mit Haselnusscreme, auch »Neapolitanerschnitten« genannt, weil die Haselnüsse, die die Firma Manner verarbeitete, wohl ursprünglich aus Neapel kamen.

Ohne Ihnen nahetreten zu wollen ...

Die Österreicher sind sprachgewandt - ihre bevorzugte Ausdrucksform ist die subtile Beleidigung.

Die Titelversessenheit der Österreicher und ihr umfassendes Repertoire an Floskeln wurde bereits beschrieben (vgl. »Gschamster Diener, Herr Dokta!«): Während der an einem sofortigen Ergebnis interessierte Deutsche auch in der Unterhaltung keine Umwege macht, sondern bisweilen mit der Tür ins Haus fällt - so empfinden es zumindest die Österreicher -, verwenden diese »eine Sprache, die aus Phrasen und Formeln besteht und die Perpetuierung des spanischen Hofzeremoniells im Rhetorischen bedeutet«. So erklärt der Psychoanalytiker Erwin Ringel die sehr umständliche Ausdrucksweise.

Denn die Redewendung »Das kommt mir spanisch vor« stammt nicht etwa von Urlaubern, die an der Costa Brava Schwierigkeiten hatten, ein Schnitzel zum Mittagessen zu bekommen. Ihr Ursprung ist in der österreichischen Geschichte zu finden: Im 15. Jahrhundert heirateten die Habsburger in Spanien ein und übernahmen deren Hofzeremoniell, das für die Einheimischen ungewohnt war. Zudem hatten sie große Probleme, das Gefolge der Kaiserin zu verstehen, das nun die Wiener Hofburg bevölkerte.

Der in unseren Tagen in Wien tätige spanische Botschaftsrat Xavier Sellés-Ferrando hat sich ausgiebig mit diesem Thema beschäftigt: »In der Mentalität der Österreicher und Spanier ist einiges von der Bewunderung, Bedeutung und Nützlichkeit des Zeremoniells bis zum 21. Jahrhundert erhalten geblieben, denn beide Länder lieben Stil und gute Manieren.« Den Deutschen hingegen mangle es an Stilbewusstsein und Umgangsformen. Nicht umsonst blieb es einem im deutschen Exil lebenden Angehörigen des entmachteten äthiopischen Kaiserhauses überlassen, in der (späten) Nachfolge des Freiherrn von Knigge ein Buch über Manieren zu veröffentlichen.

Gabriele Holzer sieht in ihrem schon genannten Buch »Verfreundete Nachbarn« die Unterschiede im Sprachgebrauch darauf hinauslaufen, dass »im Ernstfall Deutsche österreichische Zweideutigkeiten als frivol und Österreicher deutsche Eindeutigkeiten als Grobheiten geringschätzen und missbilligen, nicht wissen, was ernst und was scherzhaft gemeint ist, und beide einander gründlich missverstehen können«.

Der Österreicher agiert freischwebend über einem dichtgewebten Netz aus historischen Gewissheiten und feststehenden Regeln. Weil er sicheren Grund unter sich weiß, leistet er sich Pirouetten und kann Saltos schlagen, ohne Angst vor dem Absturz zu haben. Er baut auf die traditionelle Gesinnung und den historischen Instinkt. Der

Deutsche hingegen hat immer eine »aktuelle Gesinnung« und »handelt nach der Vorschrift«, befand Hugo von Hofmannsthal 1917 in seinem Vergleich zwischen Preußen und Österreichern.

Typisch für das Sprachverständnis der Österreicher ist die Redewendung »Es geht sich aus«. Damit kann alles Mögliche gemeint sein, wenn es messbar ist, also zum Beispiel: »Wir werden rechtzeitig da sein« oder »Der Text wird auf die Seite passen« oder »Das Geld wird für unseren Aufenthalt ausreichen«. Gleichzeitig lässt diese Formulierung offen, wie man zur Lösung einer Aufgabe gelangt, man könnte also auch sagen: »Es wird sich schon fügen.« Oder: »Das sehen wir, wenn es so weit ist.« Der Wahl-Österreicher Franz Beckenbauer bevorzugt die Formel »Schau' mer mal.«

Ähnlich unbestimmt ist ein kleines Wörtchen, das den Unterschied zwischen Deutschen und Österreichern par excellence ausdrückt: »Sodala«. Als Antwort auf die Frage »Wie geht's?« kann es heißen: »Geht so.« Oder: »Na ja, schon in Ordnung, ich möchte jetzt nicht so gern darüber sprechen.« In organisatorischen Zusammenhängen bedeutet es: »Die Sache wird sich von selbst erledigen. Mach dir mal keine Gedanken darüber.« – Also das Gegenteil des deutschen »So!«, das meint: »So, das war's!«, »Genau so habe ich mir das vorgestellt!«. »Sodala« schwingt in der Luft, es wird leicht und leichter, das angesprochene Problem wird einfach hinweggeweht ...

Möchte man etwas besonders hervorheben, leitet man den Satz mit dem Gegenteil dessen ein, was man sagen will. Ein Experte der heimischen Sprachforschung, der Journalist und Autor Daniel Glattauer, nennt dies entwaffende Offenheit: »Ich möchte ja eigentlich nichts dazu sagen, aber wenn du mich fragst ...« oder »Es geht mich ja nichts an ...«, und dann kommt eine Suada über die Nachbarn, die sich gewaschen hat.

Das ehrlichste österreichische Eigenlob beginnt mit den Worten: »Ohne mich selber loben zu wollen ...« Will man jemanden beleidigen, so sage man: »Ich will dich jetzt wirklich nicht beleidigen ...« Hat man etwas gegen jemanden, so verwende man: »Du weißt, ich hab' nichts gegen dich ...« Und so weiter. »Hochverehrteste, ich bewundere Ihr Kleid« bedeutet im Klartext: Was haben Sie denn für einen Fetzen an? Und wenn man eine Frau ernsthaft beleidigen möchte, sagt man: »Du siehst heute aber gut aus.«

»Ohne Ihnen nahetreten zu wollen« bedeutet also nicht mehr und nicht weniger als: Sie werde ich mir jetzt
einmal vorknöpfen. Ich finde bestimmt etwas, was mich an Ihnen stört. Irgendwie. Eigentlich. Wenn ich es mir recht überlege ... Schlimmeres verheißt nur die Einleitung »Dir geht's gut!« Denn in Österreich, dem »Land der trüben Gesichter, darf es einem alles: nur nicht gut gehen. (...) Wer sich das nachsagen lassen muss, steht am Rande der sozialen Achtung und volksmentalen Ausgrenzung« (Glattauer).

Das neue Nationalgefühl

Die Ösis sind die besseren Deutschen. In der Außendarstellung haben sie den großen Nachbarn schon lange überholt.

Dass die Österreicher stolz auf ihre Nation sind, ist ein ganz neues Gefühl. Vor allem, dass man sie in Deutschland als Vorbild heranzieht, ist ein Hochgenuss für ihre geplagte Seele. Wenn deutsche Medien das Alpenland als leuchtendes Beispiel herausstellen, sollte man allerdings bedenken, dass die Leitmedien, die dieses Bild verbreiten, wirtschaftsfreundliche Publikationen wie das *manager magazin* oder die *Frankfurter Allgemeine Zeitung* sind.

Betrachtet man die nüchternen wirtschaftlichen Zahlen, erstaunt es niemanden, dass Österreich die besten Noten bekommt: geringes Budgetdefizit, nur knapp 4 % Arbeitslosigkeit, konstant höheres Wachstum als in Deutschland. Was nur im Kleingedruckten steht: Die Steuern wurden nur für die Unternehmen gesenkt, die Belastung der Arbeitnehmer ist weiter gestiegen; das ausgeglichene Budget wurde durch den Verkauf fast aller staatlichen Beteiligungen und den Verkauf eines erheblichen Teils der Goldreserven erreicht; die große Zahl von Ich-AGs und Frühpensionisten wirkt sich positiv auf die Arbeitslosenstatistik aus.

Und: Die Österreicher verdienen im Schnitt 20 % weniger und arbeiten 10 % mehr als ihre nördlichen Nachbarn, die trotz unglaublicher Exporterfolge und boomender Wirtschaft auf hohem Niveau jammern. Verwundert reibt man sich als gelernter »Grantler« die Augen und möchte den unzufriedenen Schreiberlingen ein Bonmot von Johann Nepomuk Nestroy ans Herz legen, das da lautet: »Die größte aller Nationen ist die Resignation.« Oder, um noch einmal den Nationaldichter Grillparzer zu zitieren: »Die Deutschen wollen die Österreicher verstehen, können es aber nicht. Die Österreicher könnten die Deutschen verstehen, wollen es aber nicht.«

Außer sie verdienen ihr Geld damit - so wie André Heller. Dass die Österreicher besonders gut in der Außendarstellung sind, haben wir schon verschiedentlich festgestellt. Und letzthin hat der Großmeister des Spektakels ein Kulturprogramm für die Fußball-WM 2006 auf die Beine gestellt, das im Vorfeld genauso viele Menschen gesehen haben wie später die Spiele in den Stadien. Der Schweizer Fifa-Vorsitzende Blatter hat leider verhindert, dass Heller seine beste Idee umsetzen konnte: die Eröffnungsfeier im Berliner Olympiastadion. Die weltweit im Fernsehen übertragene Show mit den Größen des Musikbusiness sollte endlich den Mythos von Leni Riefenstahl vertreiben. Denn immer, wenn wir dieses Stadion sehen, verbinden wir es automatisch mit den Bildern der Olympischen Sommerspiele 1936, wie sie Goebbels' Lieblingsregisseurin inszenierte.

30.000 LCD-Monitore und ebenso viele menschliche Akteure sollten im Verbund mit Tänzerinnen und Popmusikern ein einmaliges Spektakel schaffen, das Millionen von Menschen begeistert sollte. Ein neues Bild dieses Stadions wäre an die Stelle der alten mythologischen Schwarzweißbilder der Nazi-Propagandistin getreten. Aber die Angst davor, den verwöhnten Weltmeistern aus Brasilien keinen hundertprozentig gleichmäßigen Rasen anbieten zu können, hat die Gelegenheit vereitelt, das neue Nationalgefühl in Deutschland mit ein wenig Kultur anzureichern.

Oder war es doch die Furcht, dass dafür erneut ein Österreicher zuständig sein würde?

Literatur

Von den tausenden Titeln zum Thema möchte ich nur die erwähnen, aus denen im Text zitiert wird.

h.c. artmann, *med ana schwoazzn dintn. gedichta r aus bradnsee.* Otto Müller Verlag: Salzburg 1958.

Frank Brück, Interkulturelles Management. Kulturvergleich Österreich - Deutschland - Schweiz. Verlag für interkulturelle Kommunikation: Frankfurt/Main, London 2002.

Milo Dor, *Tschuschen raus!* In: *Merian Österreich.* Hoffmann und Campe Verlag: Hamburg 1976.

Daniel Glattauer, *Die Vögel schreien. Kommentare zum Alltag.* Deuticke Verlag: Wien, Frankfurt/Main 2004.

Franz Grillparzer, König Ottokars Glück und Ende, 1823 (Uraufführung im Burgtheater: 1825).

André Heller, *Auf und davon. Erzähltes.* Hoffmann und Campe: Hamburg 1979.

Hugo von Hofmannsthal, *Preuße und Österreicher. Ein Schema.* In: *Gesammelte Werke. Reden und Aufsätze II (1914-1924).* Fischer Taschenbuch Verlag: Frankfurt/Main 1979.

Robert Menasse, *Sinnliche Gewißheit.* Rowohlt Verlag: Reinbek bei Hainburg 1988.

André Müller, *Im Gespräch.* Rowohlt Verlag: Reinbek bei Hamburg 1989.

Müller schildert in der Einleitung zum Interview mit Claus Peymann die Reaktionen von Hans Weigel auf dieses Gespräch, das (in gekürzter Form) erstmals in Die Zeit vom 26. Mai 1988 erschien.

Hans-Peter Martin (Hg.), *Wollen täten's schon dürfen. Wie Politik in Österreich gemacht wird.* Deuticke Verlag: Wien, Frankfurt/Main 2003.

Ein Versuch, jungen Leuten zu erklären, wie das Land regiert wird. Der Titel nimmt Bezug auf Kaiser Franz Ferdinand, der 1848 angesichts einer Demonstration für die Einführung der Demokratie vor der Wiener Hofburg seine Beamten fragte: »Ja, dürfen's denn des?« Besonders erwähnenswert und von mir zitiert: Peter Pilz, Fünf Millionen und eine Plastiktüte. Vom zersetzenden Charme der Korruption; Peter Turrini, Es gibt keine Österreicher! Über die Promenadenmischung; Willi Resetarits alias Dr. Kurt Ostbahn, Wozu Beamte? Über Obrigkeiten, den Staat und die Beweglichkeit.

Anton Pelinka, *Nur nicht deutsch.* In: Die Zeit, 28/06 vom 06.07.2006.

Erwin Ringel, *Die österreichische Seele. Zehn Reden über Medizin, Politik, Kunst und Religion.* Herausgegeben von Franz Richard Reiter. Verlage Kremayr & Scheriau/Orac: Wien 2005.

Xavier Sellés-Ferrando, *Spanisches Österreich.* Böhlau Verlag: Wien 2004.

Wertvolle Anregungen und Hinweise auf weiterführende Literatur verdanke ich dem »Extra-Lexikon« der *Wiener Zeitung,* online zu finden unter www.wienerzeitung.at/extra